Wolfgang Ansel
Petra Reidel

MODERNE DACHGÄRTEN
KREATIV UND INDIVIDUELL

Wolfgang Ansel
Petra Reidel

MODERNE DACHGÄRTEN – KREATIV UND INDIVIDUELL

Das Praxisbuch zur Dachbegrünung

Deutsche Verlags-Anstalt

Das für dieses Buch verwendete FSC®-zertifizierte Papier
Allegro halbmatt liefert Berberich Papier, Ottobrunn.

1. Auflage
Copyright © 2012 Deutsche Verlags-Anstalt, München,
in der Verlagsgruppe Random House GmbH
Alle Rechte vorbehalten
Satz und Layout: Monika Pitterle/DVA
Gesetzt aus der Frutiger LT Std und der DIN
Lithographie: Helio Repro, München
Druck und Bindung: Offizin Andersen Nexö Leipzig, Zwenkau
Printed in Germany
ISBN 978-3-421-03829-6

www.dva.de

Inhalt

Vorwort 7

Einleitung 8

Moderne Dachgärten – Ideen und Praxis

Wasserlandschaft mit Rundumblick 10

Insel der Ruhe 14

Kreativpause mit Naturerlebnis 20

Wellness-Oase 24

Privatgarten mit Blickachse 28

Mediterraner Dachgarten 32

Spiegel der Landschaft 38

Gartenpanoramablick 42

Berlin – Fichtebunker 46

Schrebergartenidylle 50

Dachgartenbiotop 54

Hamburg – HafenCity 58

Penthouse-Dachgarten 64

Dachgarten-Relaunch 68

Golfrasendach 74

München – Skyline-Blick 80

Chill Lounge 86

Mehrstöckige Dachlandschaft 90

Grünes Wohnzimmer 96

Familiendachgarten 100

Blickgeschützter Freisitz 106

Planung, Gestaltung und Ausführung von Dachgärten

Einführung in die Dachgartenplanung 110

Begrünungsarten 114

Bautechnische Grundlagen 116

Gründachsystemaufbauten 122

Substrate für Dachbegrünungen 126

Auswahl der Pflanzen für Dachgärten 128

Pflege 134

Dachgartenbewässerung 136

Terrassen- und Gehflächen 139

Wetter- und Sichtschutz 141

Raumgliederung und Blickachsen 142

Wasserelemente 144

Dachgartengestaltung 146

Extensive Dachbegrünung 147

Anhang

Pflanzenlisten 150

Bildquellen 158

Weiterführende Literatur 158

Dank 159

On the roof it's peaceful as can be,
And there the world below can't bother me
(aus »Up on the Roof« von Gerry Goffin & Carole King)

Vorwort

des Präsidenten des Deutschen Dachgärtner Verbands (DDV)

Im Rahmen unserer Öffentlichkeitsarbeit für grüne Dächer ernten wir immer wieder erstaunte Blicke, wenn wir erläutern, was sich auf einem Dachgrundstück alles verwirklichen lässt. Ganz gleich, ob es sich um pflegeleichte Naturschutzflächen, klassische Gemüsebeete, Kinderspielwiesen, Teiche oder exklusive Freizeit- und Erholungsgärten handelt – bei der Gestaltung und Nutzung der Dachfläche sind der Phantasie erst mal keine Grenzen gesetzt. Die Wünsche und Bedürfnisse des Dachgartennutzers stehen im Mittelpunkt, wenn die Fachbetriebe der grünen Branche bei dieser spannenden und herausfordernden Aufgabe ihr ganzes Praxiswissen einbringen, um im Dialog mit dem Architekten individuelle Naturerlebnisräume zu schaffen.

Anerkannte Richtlinien, hohe Materialstandards und eine fachgerechte Ausführung bilden seit vielen Jahren die Grundlage für die erfolgreiche Umsetzung begrünter Dächer. Was zur Unterstützung und Förderung der Dachgartenidee bisher allerdings noch fehlte, war ein praxisbezogenes Referenzhandbuch, das die vielfältigen Gestaltungsmöglichkeiten von Gärten auf Dächern anhand von konkreten Beispielen vorstellt und gleichzeitig die wichtigsten Unterschiede zu Gärten am Boden thematisiert. Das Buch »Moderne Dachgärten – kreativ und individuell« schließt diese Lücke und verbindet in besonderer Art und Weise die Präsentation attraktiv bebilderter Projekte aus ganz Deutschland mit Hinweisen zu Planung, Gestaltung und Ausführung von Dachgärten. Umfassend und doch leicht verständlich wird dabei auf das Zusammenspiel der bau- und vegetationstechnischen Elemente eingegangen und die für Dachgärten so charakteristische Verbindung von Architektur und Natur in den Mittelpunkt gestellt. Neben den Themenschwerpunkten der Pflanzenauswahl und geeigneter Vegetationsformen werden auch Ausstattungsdetails wie Terrassen- und Gehbeläge, Wetter- und Sichtschutz, Wasserelemente sowie Aspekte der Raumgestaltung vorgestellt. Bauherren, Gartenplaner und Architekten finden somit für alle Bereiche der Dachgartengestaltung Inspiration und Entscheidungshilfen, um das Freiraumpotential auf dem Dach kreativ zu nutzen.

Der Garten auf dem Dach ist aber nicht nur der Schlüssel für ein völlig neues Wohngefühl. Das schnell zu erreichende, private Stück Natur steigert auch den Wert der Immobilie. Als grüne Inseln in der ansonsten eher tristen Dachlandschaft wirken Dachgärten außerdem ausgleichend auf das Stadtklima, bieten neuen Lebensraum für Pflanzen und Tiere und verbessern das Stadt- und Landschaftsbild. Dachgärten sind somit ein Paradebeispiel für zeitgemäßes Bauen und Wohnen, ohne den für unsere Lebensqualität so wichtigen Kontakt zur Natur zu verlieren.

Ich wünsche Ihnen viel Erfolg bei der Umsetzung Ihrer Dachgartenträume.

Reimer Meier

Einleitung

Wohnen in der Stadt liegt im Trend. Kulturelle, sportliche und medizinische Einrichtungen in unmittelbarer Nähe, kurze Wegstrecken zur Arbeit und eine große Auswahl an Einkaufsmöglichkeiten lassen Innenstädte derzeit eine Renaissance erleben. Bei all diesen Vorteilen bleibt für viele Stadtbewohner jedoch ein großer Wunsch unerfüllt – der eigene Garten. Entweder sind die Flächen am Boden weitgehend versiegelt oder die wenigen Immobilien mit nutzbaren Gärten aufgrund der hohen Grundstückspreise schlichtweg unbezahlbar. Müssen sich Stadtbewohner also damit abfinden, dass sie sich die Vorzüge modernen urbanen Wohnens mit dem Verzicht auf das unmittelbare Naturerlebnis erkauft haben? Oder bleibt ihnen nur die Stadtflucht am Wochenende, mit dem Ziel, die Natur im Umland zu genießen? Keineswegs – ein einfacher Perspektivenwechsel genügt, um ein riesiges Flächenpotential für das private Gartenglück direkt vor beziehungsweise über der Haustür zu entdecken – auf den Dächern der Stadt.

Stellen Sie sich vor, Sie kommen abends nach einem anstrengenden Arbeitstag nach Hause und müssen nur ein paar Stufen aufs Dach steigen, um der hektischen Betriebsamkeit des Stadtlebens zu entfliehen. Dort erwartet Sie neben Entspannung und Ruhe eine phantastische Aussicht, die Sie Ihre Alltagssorgen schnell vergessen lässt. An heißen Sommertagen weht hoch oben immer eine leichte Brise, und nachts haben Sie den freien Blick in die Sterne. Das amerikanische Songschreiber-Duo Carole King und Gerry Goffin hat dieser romantischen Vision des Stadtlebens mit dem Song »Up on the Roof« ein Denkmal gesetzt. Und jetzt denken Sie sich noch eine bunte Pflanzenvielfalt dazu: Blumen, Sträucher und kleine Bäume, Insekten, Vögel und Wasserflächen – eine grüne Oase mitten in der Stadt. Stellen Sie sich vor, Sie pflanzen Ihr eigenes Gemüse und bringen es erntefrisch auf den Tisch. Oder Sie feiern mit Ihren Freunden eine Gartenparty über den Dächern der Stadt. All das und vieles mehr lässt sich womöglich auch auf Ihrem Dach verwirklichen. Wenn Sie den Eindruck haben, es handle sich nur um schöne Utopien, sollten Sie jetzt einfach einige Seiten weiterblättern und sich von den Beispielen inspirieren lassen.

Dachgärten wirken sich nicht nur auf die Wohn- und Lebensqualität der Nutzer positiv aus, sie kommen auch den Gebäuden zugute. Substrate und Pflanzen schützen die Dachabdichtung vor Temperaturextremen, UV-Strahlen, Hagelschlag und Windsog. Wärmedämmung, Hitzeabschirmung und die damit verbundenen Energieeinsparungen gibt es gratis dazu, und auch die Schalldämmung des Dachs wird verbessert.

Und da aller guten Dinge drei sind, profitiert neben Mensch und Gebäude auch die Umwelt von diesem ökologischen Multitalent. So halten Dachbegrünungen den größten Teil des Niederschlagswassers zurück und entlasten so die Kanalisation. Das gespeicherte Wasser sorgt später bei der Verdunstung für Abkühlung und Anfeuchtung der Luft und bewirkt ein besseres Mikroklima. Gleichzeitig filtern die Pflanzen mit ihren Blättern Schadstoffe, binden Kohlendioxid und produzieren Sauerstoff. Und begrünte Dächer sind in der Lage, Ersatzlebensräume für Pflanzen und Tiere zu schaffen und dadurch den Eingriff in den Naturhaushalt, den die Erstellung des Gebäudes bedeutet, zu kompensieren. Die Vielfalt der Vorteile macht schnell klar, dass sich die zusätzlichen Kosten für die Installation eines Dachgartens in den Folgejahren wieder bezahlt machen; dies insbesondere, wenn man an die hohen Grundstückspreise denkt, die für eine vergleichbare Gartenfläche am Boden anfallen würden.

Trotz der zahlreichen Vorteile und der langen Tradition begrünter Dächer, die bis in die Antike zurückreicht, sind Dachgärten in der städtischen Dachlandschaft immer noch Exoten. Der Mangel an praktischen Gestaltungsbeispielen und die Unsicherheiten bei den technischen Voraussetzungen halten bisher viele Bauherren und Architekten davon ab, die Dachfläche in das Wohnraumkonzept einzubeziehen und so die Chance zu nutzen, ein zusätzliches Gartengrundstück zu erhalten. Vor diesem Hintergrund entstand die Idee, ein Referenzwerk für die Planung und Ausführung von Dachgärten zu erstellen, das gleichzeitig auch als Ideenbuch für die Gestaltung und Nutzung dienen kann. »Moderne Dachgärten – kreativ und individuell« soll Informationsdefizite beseitigen und bei Bauherren, Architekten und Gartenplanern die Bereitschaft fördern, das Flächenpotential auf Dächern kreativ zu nutzen. Um dem Interesse der Leser an Praxisbeispielen zur Dachgartengestaltung einerseits und an Hintergrundwissen zur technischen Realisierung andererseits gerecht zu werden, haben wir das Buch in zwei Abschnitte unterteilt.

Im hier anschließenden Projektteil finden Sie zunächst eine reich bebilderte Zusammenstellung verschiedener Dachgartenbeispiele aus dem gesamten Bundesgebiet. Dabei haben wir neben den klassischen privaten Dachgärten auch Gärten auf Firmengebäuden und Mieterdachgärten eingebunden. Die ergänzenden Projektbeschreibungen geben Aufschluss über die bautechnischen Rahmenbedingungen, die Motivation und Nutzungswünsche der Dachgartenbesitzer und deren Umsetzungen durch die Architekten und Gartenplaner. Außerdem wird die Einbettung der Dachgärten in die jeweilige Umgebungslandschaft thematisiert und die einzigartige Dachatmosphäre beschrieben. Jedes Projekt enthält einen Block mit technischen Daten, bei dem Gestaltung, Nutzungsart, Besonderheiten und Gesamtfläche des Dachgartens in Stichworten zusammengefasst sind.

Die Größe der Dachfläche muss übrigens kein Ausschlusskriterium für die Nutzung sein. Selbst Dächer mit einer Grundfläche von nur 25 Quadratmetern können durch einen stimmigen Gestaltungsentwurf zum bevorzugten Aufenthaltsort der Bewohner werden. Bei den vorbereitenden Recherchen haben wir viele Gespräche mit Dachgartenbesitzern geführt und sie vor Ort in ihren grünen Wohnzimmern besucht. Dabei zeigte sich immer wieder die enge Verbundenheit der Besitzer mit ihrem Dachidyll, die sich auch in dem individuellen Charme der Dachgärten widerspiegelt. Naturbiotope, Freizeit- und Erholungsgärten, Gärten für den Gemüseanbau, Kinderspielwiesen, Sonnendecks, Wasserteiche, Grillplätze, Dachterrassen in mediterranem oder asiatischem Stil bis hin zum Golfplatz auf dem Dach – die Vielfalt der Nutzungen hat uns selbst überrascht. Die vorgestellten Projekte liefern somit einen umfangreichen Fundus an Ideen und Gestaltungsbeispielen, anhand derer sich Bauherren, Planer und ausführende Betriebe über Leitmotive und Grundthemen der Dachgartengestaltung und Nutzung verständigen können.

Im zweiten Teil des Buches werden die Bestandteile, aus denen sich ein langfristig funktionierender Dachgarten zusammensetzt, vorgestellt. Dabei spielen vor allem die Zusammenhänge zwischen den bau- und vegetationstechnischen Grundlagen und deren Auswirkung auf die Pflanzenauswahl eine sehr große Rolle. Schritt für Schritt wird der Planungsprozess des Dachgartens vorgestellt – von den ersten Beratungsgesprächen über die konstruktiven Maßnahmen am Gebäude, die Auswahl der passenden Gründachsysteme und Pflanzen bis hin zu Aspekten der Pflege, Bewässerung und der befestigten Terrassen- und Gehbeläge. Zur allgemeinen Orientierung dient dabei ein umfangreicher Fragenkatalog, der wichtige Abstimmungspunkte zur Bautechnik, Vegetation, Nutzung, Gestaltung, Stadtökologie und Kosten-Nutzen-Bilanz thematisiert.

Dachgärten sind in der Lage, modernes urbanes Wohnen und den Wunsch nach einem privaten Rückzugsraum im Grünen miteinander zu verbinden. Im Englischen meint man mit dem Slogan »The sky is the limit« sinngemäß, dass es »nach oben keine Grenzen gibt«. Treffender lassen sich die Möglichkeiten auf den Dächern der Stadt kaum beschreiben.

Wasserlandschaft mit Rundumblick

Bei sommerlichen Temperaturen sind die bodentiefen Fenster zum Dachgarten hin weit geöffnet, und im Winter fällt der Blick auf eine ruhige, auch in dieser Jahreszeit mit dekorativen Details aufwartende Landschaft. Den gewachsenen Boden eines Gartens zu ebener Erde haben die Bauherren noch nie vermisst, im Gegenteil, sie genießen die absolute Ruhe in 12 Metern Höhe nach einem arbeitsreichen Alltag – und dies mitten im Industriegebiet. Die Begrünung des Firmendachs war Auflage im Bebauungsplan, und was der Garten- und Landschaftsbaubetrieb dann daraus gemacht hat, kann sich wahrlich sehen lassen.

Gegenüber der Terrasse aus Lärchenholz, inzwischen – nach dreizehn Jahren – ersetzt durch Garapa-Dielen, stehen zwei große quadratische, holzumrahmte Wasserbecken mit Seerosen und Sumpfpflanzen in unterschiedlichen Höhen. Die beiden Becken verbindet ein kleiner Folienteich, der den mit einer Pumpe betriebenen Wasserkreislauf schließt. Vier große, zuckerhutförmig geschnittene Eiben bilden zusammen mit verschiedenen Sträuchern das pflanzliche Grundgerüst. Die abwechslungsreiche Staudenauswahl ist auf das in Blau- und Rosatönen gehaltene Farbkonzept abgestimmt und erfreut ununterbrochen mit Blüten, vom Frühling bis in den Herbst.

Eine Rasenfläche im hinteren Teil des Dachgrundstücks ist der Platz für die Kinder; das Kräuterbeet mit Rosmarin, Zitronenmelisse, Pfefferminze, Thymian, Majoran und Schnittlauch wird regelmäßig abgeerntet. Nachdem Trockenperioden mittlerweile immer häufiger auftreten, wurde nachträglich eine Bewässerungsanlage installiert. Die kürzlich vorgenommene Erweiterung des Firmengebäudes geht einher mit einer Vergrößerung des Dachgartens, denn die Begeisterung der Besitzer dieser grünen Oase hat sich bereits auf die nächste Generation übertragen: Ein Wohnstockwerk ohne Dachgarten stand gar nicht zur Debatte.

In 12 Metern Höhe lässt sich der Feierabend verdient und ganz entspannt genießen.

TECHNISCHE DATEN

Gestaltung: Dachgarten mit Nutz- und Erholungsbereichen, Bepflanzung mit Stauden, Küchenkräutern, Sträuchern und Gehölzen
Gesamtfläche: ca. 300 m²
Nutzungsart: Privatgarten
Besonderheiten: Anbindung an Wohnbereich durch bodentiefe Fenster

Oben, rechts und linke Seite unten Große quadratische, holzumrahmte Wasserbecken mit Seerosen und Sumpfpflanzen bilden das Zentrum dieser Gestaltung.
Linke Seite oben Bei der Vergrößerung des Firmengebäudes stand sofort fest, dass auch dieser Teil einen Dachgarten bekommt.

Insel der Ruhe

Auf der Garagenanlage des an den Betrieb angeschlossenen Wohnhauses liegt eine kleine Insel der Ruhe: inmitten der hektischen Betriebsamkeit eines Gewerbemischgebiets ein schnell zu erreichender Rückzugsort für die ganze Familie. So auch hatten es sich die Bauherren gewünscht, und das bislang nicht genutzte Garagendach mit freiem Blick in die Landschaft bot sich für diese Idee geradezu an. Damit ergab sich zudem die Möglichkeit, den Gartenraum durch Anfüllen des sich anschließenden Steilhanges zu erweitern, sodass man heute auch vom Hof des Betriebsgeländes aus problemlos zum neuen Gartengrundstück gelangen kann. Die Pflanzbeete auf der Garage sind mit Maggia-Gneis-Platten, passend zum Terrassenbelag, umrahmt und üppig mit Stauden, Gräsern, Straucheforum und Lorbeerkirsche bepflanzt, die genau in der richtigen Höhe vor neugierigen Blicken schützen. Die Pergola, eine Kombination aus Stahl- und Gneis-Stelen, lässt sich von einem Blauregen umranken und sorgt so für schattige Bereiche an heißen Sommertagen. Die Terrassenplatten verlaufen in die gleiche Richtung wie die Streben der Pergola, wodurch der Garten räumlich tiefer wirkt. Besonders gemütlich ist es in den Abendstunden, wenn in der integrierten Feuerstelle die Holzscheite knistern und ihre Wärme abgeben. Hinter einem Kieselpflasterband, das den Blick direkt auf eine Wasserwand lenkt, gehen die Terrassenbeläge in eine kleine Rasenfläche und in die Hangbepflanzung über.

Begeistert von der grünen Ruhezone auf den Garagendächern, erweiterte der Bauherr seinen Auftrag um die Neugestaltung der Terrasse des zweiten Stockwerkes. Eine teilverglaste Holzpergola mit Sonnensegel sorgt nun dort für einen windgeschützten schattigen

Das Chinaschilf ist der perfekte Sichtschutz für diesen windgeschützten, schattigen Sitzbereich im zweiten Stock.

Sitzbereich. Üppiges Chinaschilf verdeckt geschickt den Blick auf die vorbeiführende Landstraße. Weitere Gräser und Stauden bilden einen grünen Rahmen für die schönen Blicke auf die Felder und die weite Landschaft. Einige Ölweiden haben Raumteilerfunktion und trennen diese private Terrasse in aller Deutlichkeit vom gewerblich genutzten Grundstücksbereich. Trompetenbaum, Perückenstrauch und weitere Gehölze beschatten nicht nur die verglaste Seitenwand, sondern vermitteln auch den Eindruck, in einem ebenerdigen Garten zu sitzen. Die Einfassung der mit Dachgartensubstrat befüllten Beete besteht aus eleganten Edelstahlwangen. Optisch getrennt werden Belag und Bepflanzung durch einen Streifen groben Granitschotters, der einen farblich harmonischen Übergang vom Metall zum Naturstein herstellt.

Oben Vom ungenutzten Garagendach zum freien Blick in die weite Landschaft: Hier ist ein Traum in Erfüllung gegangen.
Rechts Die Pergola aus Stahl und Maggia-Gneis-Stelen wird von einem schnellwachsenden Blauregen umrankt, der bald für Schatten sorgen wird.
Linke Seite oben Das Gelände des sich anschließenden Steilhangs wurde aufgefüllt und erweitert nun den Gartenraum.
Linke Seite unten Gemütlich wird es, wenn abends in der Feuerstelle die Holzscheite knistern.

Unten und ganz unten Von außen betrachtet, lässt sich das grüne Paradies auf der Garage nur vermuten.
Rechte Seite Das angenehme Geplätscher des Wasserspiels lenkt tagsüber perfekt von den Umgebungsgeräuschen ab.

TECHNISCHE DATEN

Gestaltung: Garagendachgarten und Dachterrasse mit Natursteinbelag, Pergola sowie Pflanzbeeten mit Stauden und Sträuchern
Gesamtfläche: ca. 70 m², davon 50 m² Garagendach und 20 m² Terrasse im zweiten Stock
Nutzungsart: Privatgarten
Besonderheiten: Grillstelle und Wasserspiel

Kreativpause mit Naturerlebnis

Ein optisch ansprechendes Umfeld wünschte sich der Bauherr für die Räumlichkeiten der Geschäftsführung im dritten Stock seines Industrieverwaltungsgebäudes. Der Gartenplaner entwarf eine Dachlandschaft mit Sichtachsen, Aufenthaltsräumen und einer gekonnten Mischung von Stein und Pflanze, die der Erholung in der Pause dienen, aber auch die Kreativität fördern soll. Der Blick aus den Konferenzräumen trifft also nicht auf langweilige Kiesflächen und Fassadenansichten, sondern auf bunt blühende Polsterstauden in einer gekonnt arrangierten Landschaft aus Kiefern, Präriestauden und hohen Gräsern. Findlinge aus Schwarzwälder Granit geben dem Ganzen Struktur und sind gleichzeitig beständiger Blickfang.

Durch die Bereiche mit extensiver Dachbegrünung zieht sich ein Trockenflussbett aus Granitschotter, an dessen »Ufern« im Frühling blaue Minze flächig blüht. Die eingesetzten Blumenzwiebeln sind mittlerweile verwildert und sorgen für Farbtupfer in den Frühlingsmonaten. Die höheren Bereiche wurden mit intensivem Dachgartensubstrat modelliert und setzen so optisch ganz bewusst einen Kontrast zum umgebenden Geländer. Mehrere Exemplare einer sehr kompakt wachsenden Zwergkiefernsorte haben sich über die Jahre sehr gut an diesem Standort etabliert und prägen das Erscheinungsbild des Gebäudes auch aus der Entfernung. Harmonisch platzierte Faserzementtröge erweitern das Gestaltungsspiel um höher wachsende Pflanzen; ihre klaren Linien und Proportionen wirken dezent und setzen ihre Bepflanzung, nicht ihre eigene Form in Szene. Bodenmodellierungen und Pflanzgefäße schaffen so verschiedene Räume auf dem Dach, welche die Mitarbeiter gerne für entspannende Pausen und sogar für so manches Kreativmeeting nutzen.

In den Pausen können die Mitarbeiter diese Dachlandschaft zur kreativen Entspannung nutzen.

Links Unter der Anhügelung verbirgt sich intensives Dachgartensubstrat, die Basis für anspruchsvollere Stauden und Gehölze.
Links unten und unten Zwergkiefern, Gräser sowie schlichte Faserzementtröge sorgen für eine dreidimensionale Struktur in der Bepflanzung.
Rechte Seite oben Das Trockenflussbett aus Granitschotter lenkt den Blick über die Dachkante hinaus.
Rechte Seite unten Die Kiefern prägen das Erscheinungsbild des Gebäudes bereits aus der Entfernung.

TECHNISCHE DATEN

Gestaltung: Weitläufige Dachgartenlandschaft mit Plattenbelägen, Polster- und Präriestauden sowie montanen Zwergsträuchern
Gesamtfläche: ca. 300 m²
Nutzungsart: Firmendachgarten
Besonderheiten: Kombination von Extensiv- und Intensivbegrünung mit eingestreuten Findlingen

Wellness-Oase

Klein, fein und dem Himmel ganz nah – so präsentiert sich der nur 5 mal 5 Meter große »Freisitz« über den Dächern einer schwäbischen Kleinstadt. Die zu einer kleinen Zweizimmerwohnung gehörende Dachterrasse bietet nach ihrer Umgestaltung eine ideale Wohnraumerweiterung; sie ist rund ums Jahr der perfekte Ort für entspannende Stunden. Der Whirlpool war ausdrücklicher Wunsch des Besitzers und wurde, wie auch die anderen Materialien, per Autokran gleichsam eingeflogen. Den Ausblick auf den Hang des gegenüberliegenden Flussufers hat die Gestaltung gezielt einbezogen und ihm mit einem roten Japanischen Fächerahorn und einem grünen Schlitzahorn einen kontrastierenden natürlichen Rahmen gegeben. Einblicken aus der Nachbarschaft setzte der Planer eine graue Faserzementwand entgegen, die mit einem locker überhängenden Blauregen stimmig begrünt ist. Direkt am Whirlpool stehen zu einem kleinen Felsmassiv arrangierte Findlinge. Dieser Wasserfall, gespeist von einem kleinen Teich, übertönt tagsüber die Verkehrsgeräusche aus der Stadt und sorgt abends für alpin-romantische Stimmung – passend zur Aussicht.

Sonnendeck und Holzterrasse bestehen aus Lärchenholz und vergrauen langsam mit dem typisch silbernen Schimmer. Eine breite Stufe, die auch als Sitzbank gedacht ist, führt zum Holzdeck, das sich auf Höhe des Whirlpools befindet und die Installationen der Gebäudetechnik an dieser Stelle elegant verkleidet. Die Holzterrasse ist mit hellem Kies und Schrittplatten aus Gneis eingefasst; diese Platten geleiten zum Geländer, von wo aus man freien Blick auf die belebte Fußgängerzone hat. Ein oben abgeflachter Findling lädt ein, sich zur Entspannung zwischen den Sedumkissen niederzulassen. Bis zum letzten Zentimeter ausgeklügelt ist die Planung des Stuttgarter Architekten Ralf P. Häussler, denn Platz gab es hier wahrlich nicht zu verschenken.

Passgenau fügen sich Whirlpool, Sonnendeck, Sitzplatz und Pflanzen in das Konzept dieser kleinen Dachterrasse.

Oben Das in die Felswand integrierte Wasserspiel übertönt tagsüber die Geräusche der Stadt.
Links Wellness pur im Whirlpool mit Blick auf »alpine« Gesteinsformationen über den Dächern einer schwäbischen Kleinstadt.
Rechte Seite Nur 5 mal 5 Meter misst dieser Freisitz, dessen begrünte Faserzementwand keine Einblicke erlaubt.

TECHNISCHE DATEN

Gestaltung: Dachterrasse mit Holz- und Natursteinbelägen, Sonnendeck und fernöstlichen Ziergehölzen
Gesamtfläche: 25 m²
Nutzungsart: privater Wellnessgarten
Besonderheiten: Whirlpool und Wasserfelsen

Privatgarten mit Blickachse

Minimalistisch und geradlinig präsentiert sich dieser Dachgarten, der zu großen Teilen direkt über der Schwimmhalle des Hauses liegt. Die Farbgestaltung der Inneneinrichtung sowie die Sichtachse aus dem Wohnzimmer wurden bei der Planung berücksichtigt, sie setzen sich im Außenbereich fort. Eine Eibenhecke am Ende des Grundstücks und hoher, dicht gewachsener Kirschlorbeer auf der rechten Seite verdecken Nachbargebäude – diese Gebäude aus dem Blickfeld verschwinden zu lassen, war eine planerische Hauptaufgabe. Die Grüntöne von Buchs und Rasen erweitern das Spektrum der grünen Farbpalette, die durch das sommerliche Weiß von Rosen und Hortensien ergänzt wird. Plattenbänder aus schwarzem, poliertem Granit, die fast wie fließendes Wasser wirken, flankieren die einzigartige Blickachse, und bevor der Horizont mit seinen Weinbergen in den Mittelpunkt rückt, ruht das Auge auf einem quadratischen Wasserspiel – ein schöner Blickfang.

Ein weißer Laubengang aus Metall führt zu einem weiteren sonnigen Sitzplatz, den blickdichter Kirschlorbeer umrahmt. Die Plattenbeläge beider Terrassen bestehen aus dezent grauem Granit. Aufgrund der Statik durfte die Substratschicht über der Schwimmhalle nicht mehr als 15 Zentimeter betragen, was für Sträucher und nicht trockenresistente Stauden zu wenig und auch für Rollrasen nur mit automatischer Bewässerung ausreichend ist. Deshalb ersetzen Kugelbuchse in schwarzen Pflanztrögen die Baum- und Strauchreihen, die aufgrund der geringen Substrathöhe hier nicht gepflanzt werden konnten. Die unaufdringliche abendliche Beleuchtung mit kleinen Spots hebt sowohl den Quellstein als auch die glänzenden Tröge hervor, in denen sich der Garten stimmungsvoll widerspiegelt.

Einzigartig: Die Sichtachse führt vom Sitzplatz bis in die Weinberge. Bewusst platzierte, immergrüne Gehölze lassen die Nachbargebäude aus dem Blickfeld verschwinden.

Oben Die Statik der darunterliegenden Schwimmhalle erlaubte nur eine sehr niedrige Substratschicht, weshalb der Rasen automatisch bewässert wird.
Linke Seite oben Dichter Kirschlorbeer bildet einen schönen Hintergrund für den zweiten Sitzplatz.
Linke Seite unten Das quadratische Wasserspiel aus schwarzem, poliertem Granit ist ein hübscher Blickfang.

TECHNISCHE DATEN

Gestaltung: Dachgarten mit großer Rasenfläche, akzentbildenden Sträuchern und Buchs in Trögen
Gesamtfläche: ca. 300 m²
Nutzungsart: Privatgarten
Besonderheiten: Wasserspiel, Ausrichtung der Gestaltung an der Blickachse

Mediterraner Dachgarten

Die Silhouette der Sierra Blanca stand Pate für einen privaten Dachgarten in Marbella, dessen Besitzer von der ungewöhnlichen Gestaltungsidee begeistert war: Bruchplatten erinnern an die Berge, die sich in der Ferne hinter Marbella erheben. Heller Quarzitsplitt symbolisiert das Meer, und die Holzdecks stehen für die vielen Bootsanlegestellen entlang der Costa del Sol.

Die Pflanzen – Ficus-Arten, Buchse, Oliven- und Kampferbaum, Palmen-Arten und andere Gehölze – wurden direkt aus spanischen Großbaumschulen bezogen. Die zahlreichen Ficus-Säulen dienen als Sichtschutz und wirken gleichzeitig raumbildend. Lavendel, Rosmarin und Thymian, die mediterranen Duftklassiker, dürfen natürlich nicht fehlen. Alle Pflanzen stehen in hohen weißen Trögen, gefüllt mit Dachgartensubstrat. Die großen Gehölze sind mit Ballenverankerungen und Seilen vor heftigerem Wind vom Meer gesichert. Mittelpunkt dieses Dachgartens ist eine von weißem Marmor gerahmte Mosaik-Wasserwand, die unmittelbar beim Betreten der Dachterrasse ins Auge fällt. Die außergewöhnliche Beschichtung lässt das Stahlbecken, je nach Sonnenstand, hellgelb bis dunkelblau erscheinen, und durch die Unterwasserbeleuchtung wirkt es unendlich tief. Wie fallendes Wasser hat die Künstlerin die Mosaiksteine angeordnet, und der tatsächliche Wasserfluss kann von sanftem Plätschern bis zum rauschenden Wasserfall eingestellt werden. Die Stahlpergola vor der Wasserwand verstärkt nicht nur die Perspektive, sondern vergrößert auch den Raum. Die Materialien wurden vom ausführenden Garten- und Landschaftsbaubetrieb komplett in Deutschland vorgefertigt und nach Spanien transportiert. Vorbereitung und Ausführung waren minutiös geplant, nichts wurde dem Zufall überlassen. Die Bau-

Eingerahmt von großen Gehölzen bietet sich der Blick weit in das Hinterland. Gepflanzt wurde ausschließlich in Tröge von unterschiedlicher Größe.

Oben und rechts Die Wasserwand, von einer deutschen Künstlerin aus Mosaiksteinen gestaltet, fällt sofort beim Betreten der Dachterrasse ins Auge. Die Beschichtung des Stahls lässt das Wasserbecken je nach Sonnenstand von hellgelb bis dunkelblau leuchten. Die Stahlpergola vermittelt den Eindruck von größerer Raumtiefe.
Unten Die Bruchplatten vor den Gefäßen erinnern an die Berge, die sich hinter Marbella erheben.

phase vor Ort betrug, wie mit dem Bauherrn abgesprochen, genau zehn Tage. Der Dachgarten erstreckt sich über zwei Ebenen und wird über ein hochmodernes System automatisch bewässert, das die bedarfsgerechte Versorgung der Pflanzen sicherstellt. Am Abend bringt ein ausgeklügeltes Beleuchtungskonzept die unterschiedlichen Blattstrukturen und -farben der Pflanzen bestens zur Geltung – eine faszinierende Lichtinszenierung.

Oben und linke Seite Der helle Quarzitsplitt symbolisiert das Meer, die Bruchplatten stehen für das in der Ferne sichtbaren Gebirge, und die Holzdecks erinnern an die vielen Bootsanlegestellen entlang diesem Küstenstreifen. Die großen Bäume sind gegen die stürmischen Meereswinde mit Hilfe von Ballenverankerungen gesichert.

TECHNISCHE DATEN

Gestaltung: Dachterrasse mit Holzbelägen, mediterranen Stauden und Gehölzen in Pflanzcontainern
Gesamtfläche: ca. 205 m² auf zwei Ebenen
Nutzungsart: Privatgarten
Besonderheiten: Künstlerische Gestaltung der Dachterrasse

Spiegel der Landschaft

Nach fünfunddreißig Jahren hatte die Dachterrasse undichte Stellen: eine größere Sanierungsmaßnahme stand an. Der Bauherr beauftragte einen erfahrenen Fachbetrieb mit der Anlage eines Dachgartens, und knapp 80 Quadratmeter Dachfläche wurden innerhalb kurzer Zeit zu einem die Landschaft widerspiegelnden Garten.

Die Idee des Planers war es, einen direkten Bezug zur Umgebung zu schaffen. So finden sich nun die weich geschwungenen Hügel der Gegend in den Formen der Bepflanzung wieder. Die Nadelwälder spiegeln sich in großen und kleinen Kiefern, und die bewegten Linien des Horizonts schwingen in den verschiedensten Grasarten. Die Gestaltung wird so zum Rahmen für die Landschaft, ähnlich einem Passepartout. Flächig wachsende Stauden wie Storchschnabel, Blaukissen und Teppichglockenblume sorgen für die nötige Ruhe. Fröhliche Farbtupfer im Frühling sind Botanische Tulpen, Krokusse, Traubenhyazinthen und Zierlauch. Die Gebäudestatik verlangte ein extrem leichtes Dachgartensubstrat, das selbst bei voller Wassersättigung die Lastreserven der Dachterrasse nicht überschreitet. Und so sitzen die Findlinge aus Steinacher Granit, die die intensiven Pflanzbereiche mit bis zu 50 Zentimeter Dachgartensubstrat einfassen, alle im Bereich der tragenden Außenmauer. Der naturnahe Gartenstil setzt sich in den Bodenbelägen fort: Der polygonal verlegte Maggia-Gneis wurde vor Ort bearbeitet und löst die Ordnung des Gartens zur Landschaft hin gezielt auf. Im Kontrast dazu bilden die geschnittenen quadratischen Maggia-Platten des großen Sitzplatzes das ruhige Herzstück mit direktem Bezug zum Haus. »Alle unsere Besucher und Freunde sind überwältigt von dieser Idylle mit Ausblick, weshalb wir die Dachterrasse sehr gerne für Familienfeste und Einladungen nutzen«, verrät der Bauherr. Ganz nah dran sein an der Natur und das in luftiger Höhe – ein durchaus verlockendes Abenteuer.

Hinter dem idyllischen Sitzplatz wird die Gestaltung etwas wilder und natürlicher, was sich auch am polygonalen Belag erkennen lässt.

TECHNISCHE DATEN

Gestaltung: Dachterrasse mit Natursteinbelag, Pflanzenbeeten mit einheimischen Stauden und Gräsern sowie niedrigwüchsigen Sträuchern und Gehölzen
Gesamtfläche: 80 m²
Nutzungsart: Privatgarten
Besonderheiten: Findlinge und Bodenbeläge aus Maggia-Gneis

Oben Die Hügel der Landschaft spiegeln sich in der Bepflanzung wider, so das planerische Konzept.
Rechte Seite oben Die umliegenden Hügel sind eingefasst in ein Pflanzenpassepartout – der perfekte Ausblick.
Rechte Seite unten links Das Vogelbad sorgt für häufigen gefiederten Besuch. Die geraden Kanten verschwinden elegant unter der gepflegten Bepflanzung.
Rechte Seite unten rechts Ein gutes Buch und ein Glas Wein: Dieser Garten ist der beste Ort zum Entschleunigen.

Gartenpanoramablick

Schwungvoll zieht sich die Bepflanzung aus dem Garten bis hinauf in den ersten Stock, auf die begrünte Terrasse direkt über dem Garagendach. Der Holzdielenbelag fühlt sich bereits in den frühen Morgenstunden des Sommers warm und weich an, ideal, um barfuß den Blick über ein aufmunternd-schönes Gartenpanorama schweifen zu lassen.

Aufgabe des Planers war es, die auf gleichem Niveau wie die Terrasse liegende Landstraße, die am Wochenende auch gerne von Spaziergängern genutzt wird, optisch und akustisch auszublenden. Deshalb nimmt die Bepflanzung, ausgehend vom Terrassenniveau, stetig an Höhe zu. Unterstützt durch eine Aufwallung im Gelände, wird der Blick des Betrachters über bunte Blütenstauden, sich wiegende Gräser und immergrüne Gehölze direkt in die angrenzenden Weinberge geleitet. Die wenigen Straßengeräusche, die trotz Wall und dichter Bepflanzung bis auf die Terrasse zu hören sind, gehen im fröhlichen Gemurmel eines Quellsteins unter. Hellgraue quadratische Granitplatten aus dem Bayerischen Wald bilden den Belag des sonnigen, von zwei Seiten mit Stauden umrahmten Sitzplatzes mit Panoramablick. Die hier aufeinander stoßenden Grautöne von Naturstein und vergrauendem Holzdeck harmonieren perfekt.

Innerhalb der Bepflanzung greifen die Katzenminze und das Perlkörbchen diesen Farbaspekt mit ihrem leicht silberfarbenen Laub auf und sorgen so für eine feine mediterrane Nuance in der Begrünung. Die Reitgräser, die sich von der Terrasse bis in den Garten ziehen, verbinden beide Bereiche optisch miteinander. Drei schirmförmige Felsenbirnen, die ihre Kronen über dem Reitgras entfalten, runden das Bild dieser Pflanzenkomposition ab. Der Aufbau dieser Bepflanzung besteht aus Teilbereichen mit extensiver und intensiver Dachbegrünung, die sich in der Auswahl des Drainageelementes wie auch im aufgebrachten Substrat unterscheiden.

Der Ausblick von der begrünten Terrasse reicht vom Weinberg bis zum naturnah gestalteten Gartenpanorama.

Links und unten beide Durch die Bepflanzung zieht sich ein Pfad aus Trittplatten, welcher in den unteren Teil des Gartens führt.
Rechte Seite oben Die Granitplatten aus dem Bayerischen Wald harmonieren farblich perfekt mit dem langsam vergrauenden Holzdeck, das sich schon morgens weich und warm unter den nackten Füßen anfühlt.
Rechte Seite unten Das Reitgras ist die optisch verbindende Linie vom grünen Garagendach hinunter zum Teich.

TECHNISCHE DATEN

Gestaltung: Dachterrasse mit Bodenbelag aus Holzdielen und Granitplatten, sonnenliebenden Polster- und Blütenstauden, Gräsern und robusten Ziergehölzen
Gesamtfläche: ca. 60 m²
Nutzungsart: Privatgarten
Besonderheiten: Räumliche Anbindung an Gartenfläche zu ebener Erde

Berlin – Fichtebunker

Dem Fichtebunker, der seine Karriere im 19. Jahrhundert als einer von vier Steingasometern in Berlin begann und im Zweiten Weltkrieg als Luftschutzbunker diente, ist das Grün gleichsam zu Kopfe gestiegen. Auf dem alten denkmalgeschützten Ziegelbau steht seit dem Frühjahr 2010 ein sogenanntes Circlehouse, das dreizehn zweigeschossige, tortenstückförmige Eigentumswohnungen mit dazugehörigen Dachgärten unter einer weithin sichtbaren Stahlkuppel vereint. Geplant haben diese »Wohnbautorte« der Berliner Architekt Paul Ingenbleek und die Gartenarchitektin Dagmar Heitmann – und der grüne Kranz in 21 Metern Höhe steht dem Fichtebunker gut.

In der Mitte unter der Kuppel liegt ein zentraler Innenhof, über den die Wohnungen miteinander verbunden sind. Jeweils links und rechts der Eingangstüren empfangen intensiv begrünte Beete mit Gräsern, Taglilien, Salbei, Polsterthymian, Mauerpfeffer sowie anderen bodendeckenden und trockenheitsverträglichen Stauden Bewohner und Besucher mit frischem Grün und bunten Blüten. Das Wasserspiel im Zentrum des Hofs ist von hohen Bambuspflanzen in einem Cortenstahltrog kreisrund eingefasst. Die Kuppelwölbung spannt sich wie ein schützendes Netz über die Wohnbereiche und die auf dem äußeren Ring des Dachs liegenden Gärten. Die massiven Stahlträger fügen sich harmonisch in die Gestaltung ein und rahmen den fantastischen Ausblick über die Dächer von Berlin in viele kleine Einzelansichten. Zwischen drei Grundentwürfen für die Gärten, einem japanischen Garten, einem Staudengarten sowie einem Stauden- und Sträuchergarten, konnten die Wohnungseigentümer wählen, aber auch ihre individuellen Gestaltungsideen einfließen lassen. Entsprechend unterschiedlich präsentieren sich nun die einzelnen Terrassen. Durch die bis zu 50 Zentimeter dicke Substratschicht ließen sich die meisten Pflanzenwünsche erfüllen. Für Großsträucher

Den zweigeschossigen, tortenstückförmigen Eigentumswohnungen auf dem Fichtebunker in Berlin steht der Dachgarten gut zu Gesicht.

oder Kleinbäume wurden organisch geformte Hochbeete angelegt. Berankbare Sichtschutzelemente aus Cortenstahl, ergänzt um höhere Sträucher, trennen nun die Terrassen mit ihren Belägen aus Holz oder Natursteinplatten. Im äußersten Bereich dieses grünen Rings laden Rasenflächen zum Sonnenbad auf der Gartenliege.

Das Beispiel Fichtebunker zeigt, dass es auch im urbanen Raum, dort, wo Grundstücke knapp und teuer sind, möglich ist, den Traum vom eigenen Garten wahr werden zu lassen. Das Grün wird, eine entsprechende Statik vorausgesetzt, einfach ein paar Stockwerke nach oben verlegt, und selbst in dieser luftigen Höhe sind der planerischen Kreativität nur wenige Grenzen gesetzt.

Oben Die weithin sichtbare Stahlkuppel spannt sich wie ein Netz über die Wohnbereiche und Gärten der dreizehn zweigeschossigen Eigentumswohnungen.
Rechte Seite oben rechts Die Dachflächen der Eigentumswohnungen sind ebenfalls extensiv begrünt.
Rechte Seite oben links Die Eigentümer konnten für ihre Gärten zwischen drei Grundentwürfen wählen. Hier ein Beispiel für den Stauden- und Sträuchergarten.
Rechte Seite unten Die einzelnen Terrassen der Dachgärten wurden ganz individuell gestaltet. Eines haben jedoch alle gemeinsam: den atemberaubenden Blick über die Dächer Berlins.

TECHNISCHE DATEN

Gestaltung: Dreizehn Dachgärten in verschiedenen Bepflanzungsvarianten mit Terrassenbelägen und Sichtschutzelementen
Gesamtfläche: zwischen 75 und 115 m² pro Garten
Nutzungsart: Privatgärten
Besonderheiten: Dachgärten auf denkmalgeschütztem Gebäude

Schrebergartenidylle

Bohne, Gurke, Tomate und Co. begrüßen die Besucher des Technoseums, des Mannheimer Museums für Technik und Arbeit, auf hohem Niveau, genauer: in etwa 6 Metern Höhe. Hier, direkt über einer Ausstellungshalle, liegt der für Mitarbeiter und Besucher über drei Türen frei zugängliche Museumsdachgarten, der unwillkürlich Erinnerungen an traditionelle Schrebergartenkolonien weckt.

Ein begrüntes Flachdach war von Anfang an integraler Bestandteil des Museums, und in den ersten Jahren konnte man hier die klassische Drei-Felder-Wirtschaft besichtigen, bevor die landwirtschaftliche Gestaltung zu einem Schrebergarten umgewandelt wurde. Dieser Umbau erfolgte im Einklang mit der Ausstellungsthematik auf diesem Museumsstockwerk: eine offene, einsehbare Hinterhoffassade zeigt, wie die Arbeiter in früheren Zeiten gewohnt, gelebt und sich ernährt haben. Tiefrote Tomaten, lange grüne Stangenbohnen, dicke Kartoffeln, riesige Sonnenblumen sowie Kürbisse und Zucchini auf dem Kompost lassen hier jedes Gärtnerherz höher schlagen. Der restaurierte Hasenstall macht die Idylle perfekt, und der Dekohase erweist sich als äußerst pflegeleicht und anspruchslos. Das Gartenhäuschen aus altem Holz dient der Aufbewahrung aller nötigen Gartengeräte wie Rasenmäher, Fräse, Hacke, Schaufel und Spaten. Mehrere Weinreben verleihen dem Eingang einen Laubencharakter. Über ein rampenartiges Wegesystem, das teilweise hinter den über 5 Meter hohen Hartriegeln der Garteneinfassung verläuft, können sich Besucher die gesamte Fläche erschließen. Der Dachgarten dient darüber hinaus den Museumspädagogen für ihre Kinderveranstaltungen, und an so manchem Abend wandelt er sich zu einem belebten Treffpunkt, etwa beim Grillen für das Museumsteam.

Die Dachfläche trägt eine durchgängige Dränageschicht, die Substrathöhen variieren, je nach Nutzung, zwischen 20 und 70 Zentimetern. Über dem Dachgartensubstrat liegt eine Schicht reiner Humus. Bewässert wird von Hand und mit Hilfe von Rasensprengern.

Gepflegt wird der Garten mittlerweile von Museumsangestellten. Von den Früchten profitieren alle, auch das Aufsichtspersonal wird regelmäßig versorgt. Allein die Himbeeren schaffen es nie, den Museumsgarten zu verlassen; sie schmecken einfach zu gut und landen in der Regel als Nascherei in den vielen pflegenden Händen.

Oben Der Schrebergarten ist integraler Bestandteil des Technikmuseums in Mannheim.
Rechte Seite unten beide Reiche Ernte: Von den Früchten profitieren die Museumsangestellten und das Aufsichtspersonal.

Oben Das Museum zeigt in diesem Stockwerk, wie die Arbeiter in früheren Zeiten gelebt haben. Thematisch dazu passend: der Blick aus den Fenstern direkt in den Schrebergarten.
Rechts und rechte Seite beide Die Schrebergartenidylle mit unterschiedlichem Gemüse, Sonnenblumen und Kompostiermöglichkeiten für wertvollen Humus lässt jedes Gärtnerherz höher schlagen.

TECHNISCHE DATEN

Gestaltung: Traditioneller Schrebergarten mit Gemüsebeeten, Rasenfläche und Gartenhaus
Gesamtfläche: ca. 600 m²
Nutzungsart: Ausstellungsdachgarten
Besonderheiten: Obst- und Gemüseanbau

Dachgartenbiotop

Völlig privat und ungestört liegt der Dachgarten in etwa 8 Metern Höhe auf einer Produktionshalle mitten in einem kleinen Industriegebiet. Für die Bauherren war es sehr wichtig, dass ihre Kinder trotz des außergewöhnlichen Standortes mit Kontakt zur Natur aufwachsen, nicht nur mit den Straßen, mit Beton und grauen Fassaden vor der Haustür. Der einzige Weg dorthin war die Anlage einer intensiv begrünten Dachfläche: Über 600 Quadratmeter Hallendach wurden von einem Garten- und Landschaftsbaubetrieb in lebendiges Grün verwandelt.

Beim ersten Schritt in den Garten verrät lediglich der weite Ausblick auf die Schwäbische Alb, dass dieses Grün im wahrsten Sinne des Wortes »abgehoben« ist. Die gemütliche Terrasse ist halbkreisförmig von Granitblöcken eingefasst und erlaubt so die Anschüttung von bis zu 40 Zentimetern Dachgartensubstrat im dahinterliegenden Teil. Der anschließende Naturteich mit seiner abwechslungsreichen Bepflanzung aus Gräsern, kleinwüchsigen Weiden und blühenden Sumpfpflanzen lockt eine Vielzahl von Insekten an und bietet »Natur-Kino« gratis, denn das Schlüpfen einer Libelle begeistert nicht nur Kinderaugen. Ein Weg aus Granitbruchplatten führt um das Wasser herum und bietet ideale Beobachtungsplätze. Die großzügige Rasenfläche ist nicht nur Liegewiese, sondern dient auch zum Toben und Fußballspielen. Dieser Bolzplatz in luftiger Höhe hat allerdings einen kleinen sportlichen Nachteil: Die Wiederbeschaffung verschossener Bälle dauert etwas länger als zu ebener Erde. Der gesamte intensive Gartenbereich ist von einem schlichten Geländer eingefasst, das rundum zirka 1,5 Meter breit mit Extensivbegrünung umrahmt wird. Ziel dieser Planung war es, möglichst jeden Quadratmeter Boden der Natur zurückzugeben; konsequenterweise wurde denn auch das Flachdach des Wohnhauses extensiv begrünt.

Am Naturteich mit seiner abwechslungsreichen Bepflanzung lassen sich jede Menge Insekten und Vögel beobachten.

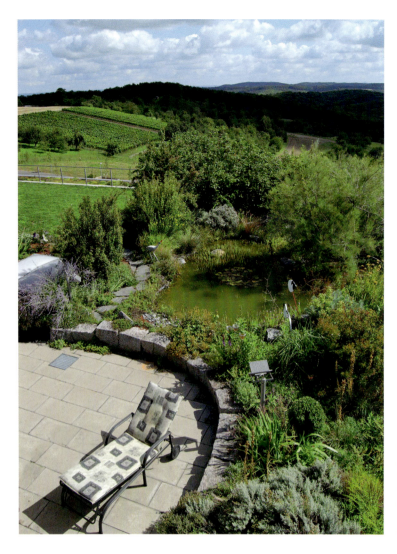

Links An den Teich schließt sich die Rasenfläche zum Toben und Fußballspielen an.
Unten beide und rechte Seite unten Die Bepflanzung ist sehr naturnah gestaltet und besteht aus Gehölzen, kombiniert mit einer Vielzahl von Stauden.
Rechte Seite oben Auf dieser Terrasse lässt es sich völlig ungestört faulenzen.

TECHNISCHE DATEN

Gestaltung: Ausgedehnter Dachgarten mit abwechslungsreicher Bepflanzung aus Stauden und Gehölzen sowie großzügiger Rasenfläche
Gesamtfläche: ca. 600 m²
Nutzungsart: Privatgarten
Besonderheiten: Naturteich und Fußballwiese

Hamburg – HafenCity

Ursprünglich waren auf der Dachfläche des fünfgeschossigen Wohnhauses in der Hamburger HafenCity nur Kiesflächen und Betonplatten vorgesehen; doch dann gab es einen ökologischen Kurswechsel, und die Bauherrengemeinschaft beauftragte Markus Müller (Entwurf und Pflanzkonzept) und Andreas Bunk (Landschaftsarchitekt) mit der nachträglichen Gestaltung eines Dachterrassengartens. Für zusätzliche hohe Lasten durch den Vegetationsaufbau war das Dach statisch allerdings nicht gerüstet, weshalb sich die Planung auf »Leichtgewichte« konzentrieren musste.

Die ästhetisch attraktive Lösung umfasst nun ein großzügiges Holzdeck mit einem schwungvollen Höhenversatz in Form eines Schiffsbugs sowie leichte Pflanzmodule aus Faserbeton und verzinktem Stahl. Die Module sind zwischen 30 und 50 Zentimetern hoch und stehen genau an den Stellen, wo etwas mehr Dachlast erlaubt ist. Das spezielle Pflanzensubstrat setzt sich aus wenig schweren Bestandteilen zusammen, und man hat die Idee der Bewohner, der Pflanzung Dünencharakter zu verleihen, aufgenommen. So wiegen sich nun trockenheitsresistente Gräser und Stauden im Wind, und sie sehen auch an frostigen Wintertagen noch attraktiv aus. Diese Gestaltung weckt durchaus Erinnerungen an die Holzstege durch die Dünenlandschaften der Küstenregion Norddeutschlands.

Die Balustrade besteht aus Sicherheitsglas, und so lässt sich immer wieder ein direkter Blick auf Elbe, Sandtor-Hafen und Elbphilharmonie erhaschen. Schutz vor der in dieser Höhe meist steifen Brise bieten zwei gemütliche Strandkörbe. Heute sind die Eigentümer froh über diese ökologische und durchaus auch wertsteigernde Planänderung, die nicht nur den Immobilienpreis positiv beeinflusst, sondern viele

Die Bepflanzung erhielt ganz bewusst Dünencharakter, sie erinnert so an die typischen Landschaften der Küstenregion Norddeutschlands.

entspannende Dachgartenstunden ermöglicht – das sogar in einer privateren Atmosphäre, als es in einem Ballungszentrum wie Hamburg zu ebener Erde möglich wäre. In einer Art Outdoor-Schrank aus Holz ist eine komplette Außenküche untergebracht, die privat für Einladungen und Feste wie auch gewerblich genutzt werden kann, denn zur Refinanzierung dieses Dachgartenprojektes kamen die Besitzer auf die Idee, aus diesem wunderschönen Fleckchen »Dach« Kapital zu schlagen. Und dies mit Erfolg, denn die Hafenkulisse inklusive Elbphilharmonie diente bereits als Hintergrund für Werbeaufnahmen, Modenschauen und zur Präsentation von Gartenmöbeln. Durch die integrierte LED-Beleuchtung ist das Dach zu jeder Tages- und Nachtzeit nutzbar, und im Sommer schützt ein Sonnensegel vor zu starker Hitze. Die Pflege obliegt den nach wie vor begeisterten Eigentümern.

Oben und linke Seite Die Balustrade aus Sicherheitsglas gibt bereitwillig den Blick auf die HafenCity und den Sandtor-Hafen frei.
Rechts Im Outdoor-Schrank aus Holz befindet sich eine komplette Außenküche.

Oben Der Blick auf die Elbphilharmonie ist einzigartig.
Unten Ein schwungvoller Höhenversatz im Holzdeck zieht sich in Form eines Schiffsbugs über die gesamte Terrasse.
Rechte Seite oben Der Strandkorb verspricht Entspannung pur im Dünenambiente.
Rechte Seite unten Die Pflanzmodule aus Faserbeton stehen genau an den Stellen, wo etwas mehr Dachlast erlaubt war.

TECHNISCHE DATEN

Gestaltung: Dachterrasse mit flächigen Holzbelägen und Pflanzmodulen mit trockenheitsresistenter Dünenvegetation
Gesamtfläche: ca. 340 m²
Nutzungsart: Gemeinschaftsdachgarten, zum Teil gewerbliche Nutzung
Besonderheiten: Dachterrassengestaltung bei limitierten Lastreserven

Penthouse-Dachgarten

Nischen, Mauern und eine verwinkelte Bauweise sind in einem Dachgarten im siebten Stock durchaus von Vorteil, da sie geschützte Ecken schaffen, in denen sich bereits im zeitigen Frühjahr die ersten Sonnenstrahlen genießen lassen. Die Bepflanzung des Dachgartens beschränkte sich beim Einzug der Bewohner auf Kiefern, Heide, Steinginster, Lavendel und Mauerpfeffer-Arten. Mittlerweile hat sich das Pflanzenspektrum erheblich erweitert, da die Gartenbesitzer von großer Experimentierfreude sind und mehr Farbe wünschten. So hielten Iris, Schwertlilien, Winterlinge, Schneeglöckchen, kleinblütige Narzissen, Christrosen und Schachbrettblumen Einzug. Sogar die Aussaat einer ovalen Rasenfläche zum Spielen für die Kinder war von Erfolg gekrönt. Lediglich Krokusse und verschiedene Tulpensorten schafften es nicht, sich an diesem Standort zu etablieren.

Gartenpflege wird hier zur Entspannung betrieben, und manchmal erhalten die Pflanzen und ihre Blüten mehr Aufmerksamkeit als das spannende neue Buch, das auf der Terrasse wartet. Einige der unverputzten Mauern des Gebäudes sind komplett von Wildem Wein umrankt, dessen Wuchs nicht eingeschränkt wird und der im Herbst mit seinen dunkelroten Blättern beeindruckt. Viele Vogelarten schätzen diesen Ort mittlerweile als sicheren Brutplatz, an dem nur Greifvögel gefährlich werden können. Die beiden Abflussbecken unter den Regenrinnen sind bei den Tieren begehrte Badeplätze; sie werden in Trockenperioden per Gartenschlauch nachgefüllt. Die Vielfalt der Lebensräume komplettiert seit kurzer Zeit ein Insektenhotel, das Wildbienenarten, Hummeln und Käfern Unterschlupf bietet. Im gläsernen »Verbinder«, der das Wohnhaus mit dem Hobbyraum verknüpft, gedeihen seit Jahren ein echter Maulbeerbaum sowie

Lesepause! Die nächste Stunde gehört den Pflanzen und weiteren Bewohnern dieses Dachgartens.

Zitronen und Orangen. Zudem dient dieser Bau als Wintergarten und Windbrecher. Er verhindert, dass die Böen in einem Zug über das ganze Dach fegen und den Gartengenuss an manchen Tagen im wahrsten Sinne des Wortes in Luft auflösen.

Oben Die Verbindung zwischen Wohnhaus und Hobbyraum ist verglast und bestens dafür geeignet, im Frühjahr hier die ersten Sonnenstrahlen zu genießen. Auch ein echter Maulbeerbaum sowie Zitronen- und Orangenbäumchen fühlen sich hier wohl.
Rechte Seite oben Der selbst ausgesäte Rasenstreifen hat sich gut etabliert.
Rechte Seite unten links Das Pflanzenspektrum erweiterte sich dank der großen Experimentierfreude der Gartenbesitzer erheblich.
Rechte Seite unten rechts Dank dem Insektenhotel lassen sich auf dem Dach vielerlei geflügelte Bewohner beobachten.

TECHNISCHE DATEN

Gestaltung: Penthouse-Dachgarten mit zwei unterschiedlich gestalteten Teilarealen, Bepflanzung mit Gräsern, Stauden und Gehölzen
Gesamtfläche: ca. 110 m²
Nutzungsart: Privatgarten
Besonderheiten: Verbindungsgang mit Wintergartencharakter

Dachgarten-Relaunch

Technisch intakt, aber mit Waschbetonplatten, Betonwinkelsteinen, Cotoneastern und vielen Koniferen – so zeigte sich der Dachgarten noch ganz im Kleid der Siebzigerjahre. Ein grüner Relaunch war also notwendig, die Umgestaltung bestimmt vom Wunsch des Unternehmens, die Nutzfläche im Garten zu vergrößern, um hier später Gäste empfangen zu können und den Mitarbeitern einen ansprechenden Aufenthaltsraum im Freien zu bieten. Die Planung übernahm die Landschaftsarchitektin Anja Guhl; sie hatte mit ihrem Entwurf ein völlig neues Dach-Erlebnis zum Ziel, das die Umsetzung wie geplant auch bietet.

Großflächige, strahlenförmig angelegte Holzbeläge aus Bangkirai geleiten nun bis an die äußersten Dachecken, sorgen für die gewünschte Weite und öffnen den Blick zum Neckarufer. Obwohl die Dränageelemente, die 25 Jahre zuverlässig ihren Dienst getan hatten, intakt waren, entschloss sich die Firma für einen Austausch der fast 20 Zentimeter hohen Hartschaumplatten, um mehr Spielraum für die Aufbauhöhe zu erhalten. Unter den Pflanzbereichen befinden sich nun 6 Zentimeter hohe Kunststoff-Dränageelemente, die das Wasser auf dem Dach in sichere Bahnen lenken. Die Unterkonstruktion des Holzbelags liegt auf Stelzlagern, wodurch der direkte Kontakt mit angestautem Wasser vermieden wird. Winkel aus verzinktem Stahlblech verhindern, dass das Dachgartensubstrat der Pflanzflächen unter den Holzbelag rutscht und sorgen gleichzeitig für die nötige Substrathöhe, damit Stauden, Sträucher und Zimtahorn gut gedeihen. Zwei der Pflanzbeete sind von einem breiten Rasenstreifen eingefasst, was der Anlage Eleganz und Großzügigkeit verleiht. Auf dem langgezogenen Holzdeck lassen sich anregende Gespräche in einer

Ein breiter Rasenstreifen umfasst die Pflanzungen und schafft so einen eleganten Übergang zwischen Holzdeck und Beeten.

schon fast parkähnlichen Umgebung führen. Große Buchskugeln, Grasarten und Eiben geben der Bepflanzung Struktur und machen auch im Winter eine gute Figur. In einem speziell dafür gebauten Beet gedeihen verschiedene Bambusarten, ihre Blätter rascheln leise im Wind. Die wurzelagressiven Bambusrhizome hat man zusätzlich durch entsprechende Rhizomsperren hermetisch von den restlichen Pflanzbereichen abgeschirmt. Im Frühling lockt ein Meer von grün-weißen Tulpen direkt vor dem großen Besprechungsraum ins Freie. In den Abendstunden hebt das Licht moderner Edelstahlleuchten die außergewöhnlichen Flächenformen dezent hervor. Eine automatische Bewässerungsanlage versorgt die Pflanz- und Rasenflächen über Tröpfchenbewässerung, Versenkregner und Sprühregner.

Oben Die hohen Bäume des nahegelegenen Neckarufers wurden in die Gestaltung einbezogen und sorgen für einen parkähnlichen Charakter.
Linke Seite alle und rechts Große Buchskugeln, Grasarten, Bambus und Eiben geben der Bepflanzung Struktur. Farbliche Akzente setzen verschiedenste Staudenarten.

Oben und rechte Seite beide Großflächige, strahlenförmig gestaltete Holzbeläge geleiten durch den Garten, der am Abend mit modernen Edelstahlleuchten gekonnt ausgestrahlt wird.
Links Winkel aus verzinktem Stahlblech verhindern, dass das Dachgartensubstrat unter den Holzbelag rutscht.

TECHNISCHE DATEN

Gestaltung: Dachgarten mit strahlenförmigem Holzdielenbelag, Stauden, Rasen, Kleingehölzen und Bambus
Gesamtfläche: ca. 250 m²
Nutzungsart: Firmendachgarten
Besonderheiten: Kombination verschiedener Bewässerungssysteme

Golfrasendach

Sportlich geht es zu auf dem 15 Meter hoch gelegenen Dach des kaufmännischen Verwaltungssitzes einer Firma in Brandenburg. Die hohe Affinität des Unternehmers zum Golfsport inspirierte den Architekten zu seiner Planung, die schließlich auch den Bauherren begeisterte. So liegt nun direkt vor den Besprechungszimmern der Geschäftsleitung ein Putting Green und lockt zum Schlägerschwung in der Mittagspause – allein oder aber gemeinsam mit Geschäftspartnern. Der Sandbunker im hinteren Teil des Platzes bei Loch Nummer Zwei macht das Spiel auf dem Dach abwechslungsreicher und ein wenig anspruchsvoller. Die bereitliegenden Schläger und Bälle finden meist schnell ihre Spieler, die Atmosphäre wirkt entspannt und locker.

Für die besonderen Ansprüche eines Golfrasens wurde das Dachgartensubstrat mit einer großen Portion Flusssand abgemagert, um die Wasserdurchlässigkeit zu erhöhen und jegliche Art von Staunässe zu vermeiden. Für die Greens kamen jeweils ganz spezifische Grasmischungen zum Einsatz. Ein Greenkeeper hat den Hausmeister geschult, und das ist auf lange Sicht wichtig, denn die Rasenqualität kann dauerhaft nur mit Hilfe pflegender Maßnahmen wie regelmäßigem Schnitt, Vertikutieren, Aerifizieren und mit fachgerechten Düngeplänen erhalten werden.

Eine bunte Gehölzmischung aus Forsythien, Weigelien, Sommerfliedern und Felsenbirnen säumt das kleine Golfareal und bewirkt weitgehende Windstille auf dem Dach. Ganz nebenbei ist diese Hecke mittlerweile zu einem Vogelparadies geworden, wohl auch, weil viele natürliche Feinde wie Katze, Marder und Eichhörnchen hier keinen Zutritt haben. Die beiden granitgefassten Wasserbecken

Der größte Teil der Dachfläche ist dem Golfrasen gewidmet; die Pflasterfläche bildet einen harmonischen Übergang zwischen den Wasserbecken und dem Putting Green.

mit Springbrunnen bilden den fließenden Übergang von Terrasse zu Rasenfläche, sind aber auch Sinnbild eines florierenden Wirtschaftsunternehmens. Den pflanzlichen Hintergrund bilden Eibe, Schlitzahorn, Rhododendren und Farne. Die Terrasse verfügt inzwischen über eine große Markise und wird bei schönem Wetter gerne für Besprechungen genutzt. Die intensiv begrünten Dachbereiche sind mit einer Unterflurbewässerung ausgestattet; ein weiterer Teil wurde mit verschiedensten Mauerpfeffer(Sedum)-Arten extensiv begrünt.

TECHNISCHE DATEN

Gestaltung: Dachgarten mit Golfrasen, Stauden, Sträuchern und Bäumen
Gesamtfläche: ca. 300 m²
Nutzungsart: Firmendachgarten
Besonderheiten: Wasserbecken mit Springbrunnen, Golfplatzcharakter

Das Putting Green **(linke Seite)** dieses Zwei-Loch-Golfplatzes lockt zum Schlägerschwung in der Mittagspause. Der Sandbunker **(oben)** im hinteren Teil macht das Spiel anspruchsvoller.
Rechts Die einfassende Hecke ist mittlerweile zu einem Vogelparadies geworden.

München – Skyline-Blick

Der mittlerweile finanziell fast unerfüllbare Traum vom eigenen Garten in einer deutschen Großstadt fördert die Fantasie, wie im Fall einer Familie, die ein spannendes Bauprojekt auf dem Dach eines ehemaligen Mietshauses mit Werkswohnungen in München in Angriff nahm. Das ursprünglich klassische Satteldach wurde durch ein zusätzliches, fünftes Obergeschoss mit drei Wohnungen und einem gemeinsamen Flachdach ersetzt. Inspiration für das erträumte Gründach war vor allem das Wiener Wohnbauprojekt »Die Sargfabrik«. Die dort seit Mitte der neunziger Jahre bepflanzten Dächer und Terrassengärten in verschiedenen Größen verstärkten den Wunsch der Bauherren nach einer ähnlichen Anlage auf dem eigenen Objekt.

Zunächst schien es jedoch so, als sei die Idee einer Blütenwiese auf dem Dach nicht realisierbar, da die notwendige Substrathöhe und das gemäß Statik maximal tragbare Gewicht nicht zusammenpassten. Pläne oder Daten zum Fundament des Wohnhauses waren nicht mehr aufzufinden, weshalb schon die Aufstockung in leichter Holzbauweise zu erfolgen hatte. Durch intensive eigene Recherchearbeiten stießen die Bauherren auf ein Gründachsystem, das nicht nur Dränage- und Wasserspeichereigenschaften hat, sondern auch noch eine unterirdische Bewässerung umfasst. Und so rückte die Erfüllung des Traums in greifbare Nähe, denn mit dieser Technik wurde es möglich, die Substratschicht auf 10 Zentimeter zu minimieren. Diese erheblich reduzierte Dachlast war Voraussetzung für den Einzug der Sommerwiese auf dem fünften Stockwerk. Grillfesten, einem Frühstück im Grünen, selbst gezogenen Tomaten und weiteren Kübelpflanzen sowie im Rasen spielenden Kindern stand nun nichts mehr im Wege.

Atemberaubend: Hoch oben zwischen den Dächern Münchens mitten im Grünen zu sitzen.

Die Bauzeit für die Dachbegrünung betrug einschließlich der Verlegung des Rollrasens, bestehend aus einer speziellen Mischung von strapazierfähigen Gräsern und blühenden Wildkräutern, etwa vier Wochen. Selbst bei schlechtem oder kühlem Wetter lassen sich nun das Grün und der Blick über Münchens Skyline von den würfelförmigen Dachstudios mit Wintergartencharakter in vollen Zügen genießen. Diese »Sonnenzimmer« erfreuen sich großer Beliebtheit, sie ermöglichen den bequemen Zugang zur Dachfläche. Auch hier gab es keine Kompromisse zuungunsten der Natur, denn selbst diese kleinen Flachdächer sind mit Mauerpfefferarten extensiv begrünt. Die Sommer- oder auch Kräuterwiese ist strapazierfähig, langsam wachsend und pflegeleicht; mit ihrer abwechslungsreichen Buntheit begeistert sie vom Frühjahr bis in den Herbst. Ganz im Sinne von Nachhaltigkeit hat man hier weder neues Bauland noch Natur verbraucht, sondern durch die Begrünung vielen Tieren und Insekten ein Stück Lebensraum mitten in der Stadt zurückgegeben.

Oben, rechts und linke Seite Die würfelförmigen Dachstudios mit Wintergartencharakter ermöglichen nicht nur den bequemen Zugang zur Dachfläche, sondern sind zum beliebten Aufenthaltsort geworden. Die kleinen Holzterrassen beherbergen neben den Sitzmöbeln auch Kübelpflanzen sowie selbstgezogenes Gemüse und Wein.

Links beide, unten und rechte Seite beide Bei diesem Projekt hat man konsequent auf den Verbrauch von neuem Bauland und Natur verzichtet. Sogar die Dachflächen der drei Holzkuben sind extensiv begrünt.

TECHNISCHE DATEN

Gestaltung: Dachgarten mit Wiesenvegetation und Sonnenzimmern
Gesamtfläche: ca. 300 m² Grünfläche
Nutzungsart: Privatgärten
Besonderheiten: Gründachsystem mit innovativer Unterflurbewässerung

Chill Lounge

Das Chinaschilf, das als blickdichter Sichtschutz zum Nachbarhaus Einsatz fand, ist voller Dynamik; seine bogig überhängenden Blätter erinnern an die Fontänen großer Springbrunnen. Die ursprüngliche Planung für das Dach der Doppelgarage eines Einfamilienhauses sah lediglich Extensivbegrünung vor, doch eine kompetente Garten- und Landschaftsbaufirma brachte die Nutzungsmöglichkeit als begrünte Dachterrasse ins Gespräch, an der die Bauherren sofort Gefallen fanden.

Um die nötige Substrathöhe für eine intensive Begrünungsform in den Randbereichen der Terrasse zu gewinnen, verwendete die Planerin großzügige Stahltröge in unterschiedlichen Höhen und Tiefen. All diese verzinkten und lackierten Sonderbauteile haben, neben der gleichen Farbe, einen Wasseranstau mit Überlauf in 10 Zentimetern Höhe und ein ausgeklügeltes Innenleben. Befüllt sind die maßgefertigten Gefäße mit einer mineralischen Dränschicht, die durch eine Filtermatte vom eigentlichen Substrat getrennt ist. Alle Tröge sind innen mit 4 Zentimeter dicken Dämmplatten ausgestattet, welche die Pflanzen vor den extremen Temperaturen, die der Stahl sowohl im Sommer als auch im Winter annehmen kann, schützen. Der Zugang zur Dachterrasse erfolgt über das Schlafzimmer, und dies verleitet sicher dazu, sich am Wochenende direkt vom Bett auf die Chill-Lounge aus zertifiziertem Bangkirai-Holz zum Sonnenbad zu begeben. Der fußschmeichelnde Holzbelag geht direkt in die Liegefläche über, wo der Duft von Rosen und Lavendel angenehm sanft in die Nase steigt und das dunkle Gelb des Sonnenhuts den Augen wohltut. Der große rotlaubige Fächerahorn scheint sich seiner Rolle als Eyecatcher durchaus bewusst zu sein, und die dichte Unterpflanzung mit grün-weiß

Großzügige, bewässerte Stahltröge an den Rändern der Terrasse gewährleisten die nötige Aufbauhöhe, um diese Bereiche mit Gräsern und Stauden intensiv begrünen zu können.

Links und oben Das kleine Grundstück gewann durch die Dachterrasse auf dem Garagendach zusätzlichen Gartenraum.
Rechte Seite oben Das Chinaschilf bringt Dynamik in die Bepflanzung. Seine bogig überhängenden Blätter erinnern an Springbrunnenfontänen.
Rechte Seite unten Der große rotlaubige Fächerahorn zieht die Blicke unwillkürlich auf sich.

gestreifter Japansegge macht das Form- und Farbenspiel perfekt. Der Lichtwürfel in der Extensivbegrünung, die Holzdeck und Tröge optisch wie räumlich trennt, beleuchtet die Terrasse abends sehr harmonisch im Zusammenspiel mit den Steckstrahlern unter den Gräsern.

TECHNISCHE DATEN

Gestaltung: Dachterrasse mit Bangkirai-Holzbelag, bodendeckenden Sedumpflanzen und hochwachsenden Gräsern sowie Sträuchern in Pflanztrögen
Gesamtfläche: ca. 40 m²
Nutzungsart: Privatgarten
Besonderheiten: Hochwertige Pflanzgefäße mit Temperaturschutz

Mehrstöckige Dachlandschaft

Bei der Planung des Neubaus für sein Betriebsgebäude und den Betriebshof verlegten der Garten- und Landschaftsbaubetrieb Thomas Heumann und sein Hochbauarchitekt das gewünschte Grün kurzerhand aufs Dach. Warum sollte der Platz über der Maschinenhalle ungenutzt bleiben, wo doch das Know-how für Dachbegrünung zum Leistungsspektrum des Landschaftsbaubetriebs gehört und der Platz zu ebener Erde für Materialien und Maschinen benötigt wird? Entstanden ist ein intensiv begrünter Dachgarten, der als Ausstellungsfläche den Kunden dient, der aber auch von den Mitarbeitern als Aufenthalts- und Erholungsraum genutzt wird.

Die Substratschicht ist zwischen 20 und 45 Zentimeter hoch, je nach Bewuchs. Für die beiden Kiefern am Ende des Teiches wurde sogar noch ein bisschen höher angefüllt. Cortenstahl an seiner Rückseite stützt diesen Hügel elegant ab und fungiert gleichzeitig als Rückwand einer langen Holzbank. Im Hinblick auf die Statik ist der Teich sehr flach gehalten, was die Reinigung des Wassers durch eine Filteranlage notwendig macht. Das geklärte Nass wird danach über einen großen Quellstein, der dicht mit Bärenfellgras umwachsen ist, zurückgeführt. Dieses harmonische Zusammenspiel von Stein, Pflanze und geschwungenem Teichrand erinnert an die japanische Gartenkultur. Ein kleiner Steg aus Glasplatten führt am Rand über das Wasser, dann übernimmt ein Band verschiedenster Grasarten entlang einer ruhigen Rasenfläche das Geleit bis ans Ende des Dachs. Hier lädt eine Bank zum Betrachten des üppigen Blütenpotpourris aus gelbgrünblühendem Frauenmantel, weißblühenden Yucca und Rispenhortensien mit summenden Bienen und flatternden Schmetterlingen ein.

Im privaten Bereich dieses mehrstöckigen Dachgartens spendet eine Pergola ausreichend Schatten. Bambuspflanzen in großen Kübeln bieten Sichtschutz, blühende Hortensien bringen Farbe ins Spiel.

Eine Stahltreppe führt vom Holzdeck hinauf zur großzügigen Terrasse, dem privaten Bereich des Dachgartens. Der Blick nach unten zeigt das Spiegelbild der Kiefern im Teich; in einem großen Beet rechts vom Treppenaufgang wiederholt sich mit einer Kiefer und einem Fächerahorn die Bepflanzung des Dachgartens. Auf der gesamten Terrasse liegen Bangkirai-Dielen, die für ein angenehmes Raumklima unter der Pergola sorgen und bestens zum Barfußlaufen geeignet sind. Große Kübel mit hohem Bambus bieten Sichtschutz, Sonnenschirm und Pergola spenden den nötigen Schatten, und die blühenden Hortensien bringen rund um den großen Esstisch der Familie Farbe ins Spiel.

Oben Gelbgrün blühender Frauenmantel, weißblühende Yucca und Rispenhortensien übertreffen sich fast bei der Präsentation ihrer Blütenstände.
Rechte Seite oben In diesem Beet wiederholt sich die Bepflanzung des Dachgartens auf oberster Ebene mit Kiefer, Fächerahorn, Buchsen und Stauden.
Rechte Seite unten Verschiedene Sitzgelegenheiten laden immer wieder zum Betrachten der Gestaltung und des Blütenpotpourris ein.

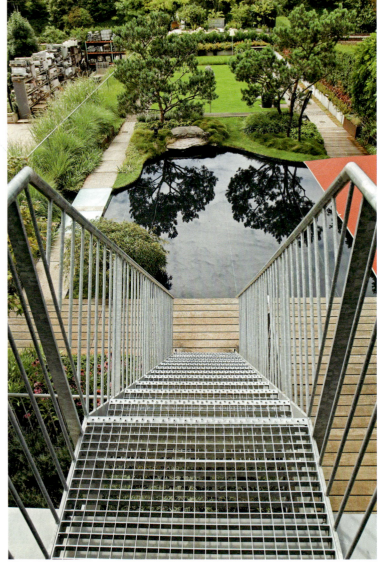

Oben Hinter den Kiefern erstreckt sich eine ruhige Rasenfläche, an deren Rand verschiedenste Grasarten bis zum Ende des Dachs geleiten.
Linke Seite beide Für die beiden Kiefern am Ende des Teichs wurde das Substrat angehügelt. Wunderschön ist der Blick von oben auf die Spiegelung der Pflanzen im flachen Wasserbecken.

TECHNISCHE DATEN

Gestaltung: Vielgestaltige Dachgartenlandschaft mit interessanten Ausstattungsdetails, Wasserfläche und verschiedenen Pflanzengruppen
Gesamtfläche: ca. 220 m²
Nutzungsart: Privatgarten, zum Teil mit gewerblicher Nutzung
Besonderheiten: Teichanlage im japanischen Stil

Grünes Wohnzimmer

Nach über dreißig Jahren stand die Sanierung der Dächer und Terrassen einiger mehrstöckiger Punkthäuser an, auf denen sich bereits erste Schäden durch Undichtigkeiten zeigten. Die Eigentümer einer dieser Wohnungen wollten die Gelegenheit nutzen, alte Waschbetonplatten und asbesthaltige Tröge durch einen grünen Garten mit Lounge-Charakter zu ersetzen. Angesichts einer kritischen Eigentümergemeinschaft war jedoch vor der Erfüllung dieses Wunsches die fachlich qualifizierte Überzeugungsarbeit des Garten- und Landschaftsbauunternehmers notwendig, der diese Maßnahme später auch bautechnisch begleitete.

Hauptattraktion des neuen Dachgartens ist nun die Wasserwand aus rostendem Stahl, die in einem schlicht mit Seerosen und Schachtelhalm bepflanzten, großen, rechteckigen Wasserbecken aus demselben Material steht. Im Hintergrund gedeihen verschiedene Gräser, Frauenmantel sowie eine Buchs-Reihe in hohen, verzinkten und lackierten Stahlgefäßen als Sichtschutz zum Nachbarn. Der Bodenbelag besteht aus zertifiziertem Bangkirai-Holz. Vor der Wasserwand liegen dunkle Basaltplatten, die wie ein über dem Holz ausgerollter Teppich wirken. Die in verschiedene Ebenen und Grünabstufungen gegliederte Bepflanzung aus Sonnenhut, Lavendel, weißblühenden Hortensien, weißblühenden Duftrosen, Chinaschilf und Eiben in Heckenform schafft optisch Raum und Tiefe. Die Truhe aus Stahl und Holz passt perfekt zu den Trögen; in ihr verschwinden die Auflagen für die Gartenmöbel, und sie lädt daneben auch zum Sitzen und Liegen ein. Optisches Pendant zum Wasserbecken ist ein bepflanzter Trog, wiederum aus rostendem Stahl. Logistisch gesehen war die Erstellung dieses Dachgartens eine Herausforderung, denn er liegt im

Die Truhe aus Stahl und Holz passt perfekt zum Belag und zu den Trögen, die eine intensive Bepflanzung aus Sträuchern und Stauden beherbergen.

siebten Stockwerk, und für den Transport der Materialien und Pflanzen war ein großer Autokran nötig. Dennoch wollen die Besitzer ihn keine Sekunde mehr missen, und sie genießen ihr Fleckchen Natur besonders abends, wenn die Wasserwand indirekt beleuchtet ist.

Oben Die Wasserwand aus rostendem Stahl ist die Hauptattraktion des Gartens. Das Becken ist schlicht mit Seerosen und Schachtelhalm bepflanzt.
Linke Seite Die in verschiedene Ebenen und Grünabstufungen gegliederte Bepflanzung schützt nicht nur vor unerwünschten Blicken, sondern schafft Raum und Tiefe.
Links Der Sitzplatz befindet sich direkt neben der sanft plätschernden Wasserwand.

TECHNISCHE DATEN

Gestaltung: Dachterrasse mit Holz- und Natursteinbelag, Lounge-Ecke und abwechslungsreicher Trogbepflanzung
Gesamtfläche: ca. 65 m²
Nutzungsart: Privatgarten
Besonderheiten: Stimmungsvoll beleuchtete Wasserwand mit Seerosenbecken

Familiendachgarten

Wie ein Familiengarten hinter einem Einfamilienhaus sähe dieser Dachgarten aus – wäre da nicht der schöne Weitblick in die umgebende Landschaft. Über das Kinderzimmer, das Esszimmer und die Küche kann man ins Freie gelangen. Eine großzügige Holzterrasse zum Frühstücken, Grillen und Feiern mit Freunden nimmt einen gastfreundlich in Empfang. Für die Bauherren fühlt sich dieser Garten wie ein Stück Freiheit an, an manchen Tagen sogar wie Urlaub. Auch dem Rasen scheint die Luft in 5 Metern Höhe zu behagen, er sieht frisch und grün aus. Eine Reihe von Natursteinblöcken zwischen Terrasse und Spielrasen ermöglicht einen etwas höheren Substrataufbau, was den Gräsern guttut.

Möglich wurde dieses Stück Natur mitten im Gewerbegebiet durch die Einbeziehung der Dachfläche eines Hallenanbaus. Zuvor hatte sich die gärtnerische Entfaltungsmöglichkeit der Bauherrin auf einen kleinen Balkon beschränkt. Inzwischen gedeihen in dem Dachgarten jede Menge Küchenkräuter, und über die roten und weißen Johannisbeersträucher freuen sich im Sommer vor allem die Kinder; sie sind jeden Tag im Garten, zum Spielen im Sandkasten, zum Rutschen und Planschen, und im Winter wird auch mal ein Schneemann gebaut. Gerade mit kleinen Kindern ist ein Dachgarten ideal, da er durch die baulichen Gegebenheiten begrenzt und überschaubar ist. Das zentrale Problem Absturzsicherung wurde mit einer hohen Brüstung aus Fassadenblech perfekt gelöst. Kein Straßenverkehr gefährdet den spielenden Nachwuchs, was so manche Nachbarmutter zu schätzen weiß. Höchst beliebt ist der Platz in der Hängematte vor allem am Wochenende, wenn auch die Eltern ein wenig Zeit zum Entspannen und Tagträumen haben. An einer einzigen Stelle nur muss

Echtes Urlaubsflair verströmt dieser Familiengarten für die Bauherren, die hier gerne ihre Freizeit verbringen und zusammen mit Freunden feiern.

Ein breites Glaselement schützt den Sitzplatz auf der großzügigen Holzterrasse vor Wind. Die Natursteinblöcke am Rand ermöglichen den notwendigen höheren Substrataufbau für den Rasen.

eine dicht gewachsene Kiefer in Kombination mit Buchs und Blütensträuchern den nachbarschaftlichen Einblick in diesen Garten verwehren. Perfekten Windschutz bietet ein breites Glaselement direkt neben dem Sitzplatz. Hier lässt es sich dann selbst an windigeren Tagen gemütlich sitzen, und die Sonne kann ihre wärmende Kraft entfalten.

Links Die Hängematte ist vor allem an den Wochenenden beliebtester Aufenthaltsort aller Familienmitglieder.
Unten beide Der Dachgarten präsentiert sich als perfekte Erweiterung des Wohnraums und hat sich auch als Spielplatz für die Kinder bewährt.

Die Bepflanzung, zu der auch Küchenkräuter und Johannisbeersträucher gehören, wurde selbst gestaltet.

TECHNISCHE DATEN

Gestaltung: Familiendachgarten mit Holzterrasse, Rasen, Stauden, Zier- und Nutzsträuchern
Gesamtfläche: ca. 240 m²
Nutzungsart: Privatgarten
Besonderheiten: Großer Kinderspielbereich

Blickgeschützter Freisitz

Eine 6 Meter hohe und im Kronenbereich bereits gekappte Mähnenfichte dominierte das Bild des Dachgartens aus den siebziger Jahren des vergangenen Jahrhunderts, bevor das behagliche Kleinod von heute daraus wurde. Nach dem Abräumen und der Sanierung des Dachs wurde der Wärmeschutz durch eine Umkehrdachdämmung optimiert. Vorrangig war der Wunsch nach einem geschützten, möglichst dicht bewachsenen Sitzplatz, von dem aus gesehen die Nachbarhäuser hinter schönen Pflanzen verschwinden.

Um das für die Gehölze notwendige Volumen an Dachgartenerde anschütten zu können, entschied sich der ausführende Betrieb für den Bau einer Stützmauer aus Ruhrsandstein. Die als wildes Bruchsteinmauerwerk trocken aufgesetzten Steine blieben weitestgehend unbearbeitet, lediglich ihre Ansichtsfläche ist grob bossiert. So entstand hinter der bis zu 90 Zentimeter hohen Mauer ein großzügiges Hochbeet. Zwei Rhododendren, ein roter Fächerahorn sowie ein grüner Schlitzahorn bieten in ihrer Vielfalt an Blattformen attraktiven Sichtschutz. Lavendelheide, japanische Azaleen, Farne, Gräser und Stauden runden dieses harmonische Pflanzenarrangement ab. Der Quellstein im Hochbeet sprudelt munter vor sich hin und wird abends von kleinen LED-Leuchten stimmungsvoll angestrahlt. Die grauen quadratischen Betonplatten des Terrassenbelags liegen auf einem mit Splitt verfüllten Dränage-Element. Sie sind lediglich 3 Zentimeter stark und damit eine Sonderanfertigung, denn mehr erlaubten die vorhandenen Anschlusshöhen zu den Schiebefenstern der Terrasse nach der Sanierung nicht mehr. Der Bereich mit extensiver Dachbegrünung liegt über der Garage, die sich an die Wohnbebauung anschließt und über einen Trittplattenweg zu erreichen ist. Zwei runde Hochbeete bieten hier noch schöne Plätzchen für einen Kirschlorbeer und einen weiteren Rhododendron zwischen bodendeckenden Sedumpflanzen.

Oben und rechte Seite Geschützt und möglichst dicht bewachsen sollte der neue Sitzplatz nach der Sanierung des Daches sein. Diese Wünsche gingen in Erfüllung.

Oben Die Anschlusshöhe der Schiebefenster verlangte nach einer Sonderanfertigung der Terrassenplatten, die deshalb lediglich drei Zentimeter stark sind.
Linke Seite Die Steine der Trockenmauer aus wildem Bruchsteinmauerwerk sind an den Ansichtsflächen grob bossiert und trocken aufgesetzt. So entstand das großzügige Hochbeet mit Platz für Sträucher und Stauden.

TECHNISCHE DATEN

Gestaltung: Dachterrasse mit Hochbeet, bepflanzt mit bodendeckenden Sedumpflanzen, Stauden und Gehölzen
Gesamtfläche: ca. 80 m²
Nutzungsart: Privatgarten
Besonderheiten: Hochbeet aus Bruchsteinmauerwerk mit Sichtschutzfunktion

Einführung in die Dachgartenplanung

Die vorgestellten Projekte belegen auf anschauliche Art und Weise, welche unterschiedlichen Natur- und Erlebnisräume sich auf dem Dach verwirklichen lassen. Gärten auf Dächern brauchen sich mit ihrer Nutzungs- und Gestaltungsvielfalt also nicht vor ihren Pendants am Boden zu verstecken – ganz im Gegenteil: Über den Dächern der Stadt entfaltet das private Grün mit Panoramablick ein ganz besonderes Flair für seine Bewohner.

Bei aller Begeisterung darf man aber nicht vergessen, dass Dachgärten aufgrund ihrer exponierten Lage einige besondere Merkmale aufweisen. Diese Besonderheiten müssen bei der Planung berücksichtigt werden, damit der Dachgartennutzer langfristig Freude an seinem neu gewonnenen Gartengrundstück hat. Hierzu gehört zum Beispiel die Tatsache, dass der Garten auf dem Dach keine Verbindung zum gewachsenen Boden hat und deshalb nur ein reduzierter Wuchsraum für die Bepflanzung zur Verfügung steht. Auch die Sonnen- und Windexposition kann die Aufenthaltsqualität beeinträchtigen, wenn keine entsprechenden Schutzvorkehrungen getroffen werden. Und dass alle Materialien erst auf das Dach transportiert werden müssen, bevor man mit der Ausführung beginnen kann, ist eine zusätzliche logistische Herausforderung. Für das Gelingen des Dachgartenprojektes sind deshalb drei Dinge ausschlaggebend: eine gewerkeübergreifende Planung, die die Disziplinen Architektur und Gartengestaltung miteinander verbindet, der Einsatz hochwertiger, genau aufeinander abgestimmter Materialien und die fachgerechte Installation sowie kontinuierliche Pflege des Dachgartens.

Im Folgenden haben wir für Sie die wichtigsten Grundlagen von Planung, Gestaltung und Ausführung der Dachgärten kompakt und systematisch zusammengestellt. Nach einer kurzen Einführung in die Charakteristika der drei verschiedenen Begrünungsarten stellen wir mit den bautechnischen Grundlagen die Anknüpfungspunkte zur Gebäudearchitektur dar. Danach folgt Praxiswissen zu Vegetationstechnik, Pflanzenauswahl, Pflege und Bewässerung. Eng verbunden mit einer komfortablen Nutzung sind die Planungen der Terrassen- und Gehbeläge, der Wetter- und Sichtschutz und die räumliche Gliederung des Dachgartens. Gestaltungsdetails wie Wasserflächen, Spielbereiche und Licht im Garten runden den technischen Teil ab. Da neben der Installation des Dachgartens auch die Begrünung von Carports und Garagen ein Thema sein kann, haben wir zum Schluss noch einen kleinen Exkurs in den Bereich der Extensivbegrünung angehängt. Ein besonderes Anliegen dieses Buches ist es, allen an der Planung und Realisierung Beteiligten das nötige Handwerkszeug für die erfolgreiche Umsetzung der Dachgartenprojekte zur Verfügung zu stellen. In diesem Zusammenhang werden die vielfältigen Wechselbeziehungen zwischen Architektur, Vegetation und Wohnqualität immer wieder thematisiert und mit Beispielen erläutert. Hinweise auf die aktuellen technischen Standards, Normen und Richtlinien finden sich in der Literaturliste im Anhang.

Dachgartenplanung aus Sicht des Praktikers

Die Praxiserfahrung der Dachbegrünungsbetriebe aus dem Garten- und Landschaftsbau spielt eine Schlüsselrolle, wenn es darum geht, die Gartenidee eines Bauherrn in die Realität auf dem Dach zu überführen. Das folgende Interview mit den Dachgärtnern Carl Krauch und Jürgen Wragge, Firma Wragge Gärten, zeigt, wie sich im Gespräch aus einem ersten Leitmotiv ein stimmiges Gestaltungskonzept entwickelt.

Welche Punkte stellen Sie an den Anfang eines Beratungsgesprächs?
Die vielfältigen Nutzungs- und Gestaltungsmöglichkeiten von Gärten auf dem Dach sind für viele Bauherren und Architekten immer noch absolutes Neuland. Um die Bereitschaft zu schaffen, neue Wege zu gehen, stehen deshalb die Wünsche, Sehnsüchte und persönlichen Interessen des zukünftigen Dachgartenbesitzers an erster Stelle. Auf

Basis dieser Informationen wird im gemeinsamen Gespräch ein Konzept entwickelt, das Bezüge zur Architektur des Hauses und zur umgebenden Landschaft herstellt und neben der Pflanzenauswahl auch die Gestaltung von attraktiven Blickachsen einbindet. Der (Dach-)Garten soll die Nutzungswünsche des Bauherrn erfüllen und dessen Lebensstil widerspiegeln – und natürlich auf das Budget des Kunden abgestimmt sein.

Welche Unterlagen und Informationen benötigen Sie für eine Dachgartenplanung?

Um ein optimales Dachgartenkonzept entwickeln zu können, müssen die bautechnischen Grundlagen bekannt sein. Hierzu gehört der Grundriss des Gebäudes, statische Berechnungen zu den Lastreserven, Angaben zur Entwässerungsplanung und zur Zugänglichkeit. Auch die vorgesehene räumliche Aufteilung der Dachfläche in Vegetationsflächen und Nutzbereiche ist sehr wichtig. Wenn die Grobplanung steht, können Ausstattungsdetails wie Terrassenflächen, Gehbeläge, Möblierung, Beleuchtung, Wasserspiele, Sonnen- und Sichtschutz in den Plan aufgenommen werden, inklusive der technischen Infrastruktur für Stromanschlüsse und Bewässerung.

Welches sind die wesentlichen Punkte, die Dachgärten von Gärten am Boden unterscheiden?

Hier sollte man zwischen der Wohn- und Lebensqualität und den technischen Anforderungen unterscheiden. Dachgärten bieten eine besondere gefühlte Qualität für den Besitzer, die man am besten nachvollziehen kann, wenn man selber einmal zu Gast auf einem Dachgarten war. Es klingt trivial, aber in der Höhe erlebt man einen Garten anders, geschützter, privater. Dabei spielen sicher die weiten Ausblicke und die Distanz zu den Gärten der Nachbarn am Boden eine wichtige Rolle. Für die Gestaltung der Vegetation machen sich der fehlende Bodenanschluss und die reduzierten Substrathöhen besonders bemerkbar. Man darf außerdem nicht vergessen, dass alle Materialien erst auf das Dach gebracht werden müssen. Dadurch werden höhere Anforderungen an die gesamte Planung gestellt, was natürlich auch mit einem entsprechenden Kostenaufwand verbunden ist.

Welche Art von Bepflanzungen lassen sich auf Dächern verwirklichen?

Dachgärten müssen in Bezug auf die Pflanzenauswahl den Vergleich mit Gärten am Boden nicht scheuen. Häufig werden kleinwüchsige Bäume und Sträucher in das Bepflanzungskonzept aufgenommen, um eine mehrschichtige Vegetation zu erhalten. Allerdings sollte man bei der Auswahl die besonderen klimatischen Bedingungen auf dem Dach nicht aus den Augen verlieren. Wind, Sonne und Temperaturen können sich auf den exponierten Dachflächen extremer auswirken als bei Gärten am Boden.

Wie gehen Sie mit den Einschränkungen durch den reduzierten Wurzelraum, die Zugänglichkeit und die Logistik um?

Um den Pflanzen eine gute Wachstumsgrundlage zu liefern, gibt es bewährte Gründachsystemaufbauten, die den Wasser- und Lufthaushalt im Wuchsraum regulieren und mit ihren Substrateigenschaften speziell auf die jeweilige Bepflanzung abgestimmt sind. Bei Bedarf können als unterstützende Maßnahme verschiedene Bewässerungsmethoden zugeschaltet werden. Da sich der Komfort der Dachgartennutzung und die Zugänglichkeit nicht voneinander trennen lassen, muss dieser Punkt in der Planung unbedingt berücksichtigt werden. Dies betrifft natürlich auch die Pflege. Eine gute Logistikplanung kann viel Zeit und Kosten sparen, zum Beispiel, wenn für den Transport der Materialien auf das Dach der bereits vorhandene Baukran genutzt werden kann. Gleiches gilt für die Anschlussnutzung des Baugerüstes. Hier sollten Architekt und Gartenplaner eng zusammenarbeiten und den Zeitplan für die Erstellung des Hauses und die Installation des Dachgartens aufeinander abstimmen.

Welchen Tipp würden Sie zukünftigen Dachgartenbesitzern mitgeben?

Denken Sie das Unmögliche – ein guter Dachgärtner schafft die Lösung. Dachgärten sind ganz besondere Erholungs- und Erlebnisräume; wenn Sie die Stadt aus der Vogelperspektive betrachten, kommen Sie auf ganz andere Gedanken.

Fragenkatalog für das Beratungsgespräch

Bevor man in den kreativen Prozess der Dachgartenplanung und Gestaltung einsteigt, müssen im Vorfeld einige grundlegende Informationen eingeholt werden. Dabei kommt den bautechnischen Grundlagen besondere Bedeutung zu. Während bei Neubaumaßnahmen die Anpassung der Gebäudestatik an die gewünschte Dachgartennutzung ohne größere Probleme möglich sein sollte, kann der Mangel an Lastreserven bei Bestandsgebäuden das frühe Aus für die Dachgartenpläne bedeuten. Hochbauarchitekten und Statiker sind deshalb als Berater für die Dachgartenplanung unentbehrlich. Auch der Kontakt zu den lokalen Baubehörden muss gleich zu Beginn hergestellt werden, um zu ermitteln, welche Vorgaben für die Erteilung einer Baugenehmigung zu erfüllen sind. Sobald die Rahmendaten vorliegen, kann die konkrete Umsetzung des Dachgartenprojektes angegangen werden. Der folgende Fragenkatalog enthält eine Zusammenstellung wichtiger Abstimmungspunkte aus den Bereichen Bautechnik, Vegetation, Nutzung, Gestaltung und Stadtökologie, die als Ausgangspunkt für die Beratungsgespräche mit den beteiligten Fachbetrieben dienen können. Hierzu gehört auch die Erstellung einer Kosten- und Nutzenbilanz, in der das Budget für den Dachgarten mit der erhöhten Wohn- und Lebensqualität und dem gesteigerten Immobilienwert abgeglichen wird. Ergänzende Informationen und Praxistipps zu den einzelnen Aspekten finden sich in den folgenden Kapiteln.

Bautechnik
– Ist für die Erstellung des Dachgartens eine Baugenehmigung erforderlich?
– Schränken die statischen Lastreserven die Nutzung und Gestaltung des Dachgartens ein?
– Welche zusätzlichen Kosten können bei Bestandsgebäuden entstehen (Sanierung der Abdichtung, Verbesserung der Statik usw.)?
– Welche Dachkonstruktion liegt vor beziehungsweise ist geplant?
– Kann die Energiebilanz des Gebäudes durch den Einsatz einer wärmedämmenden Dachbegrünung verbessert werden?

Die Lokalisierung der befestigten und bepflanzten Dachbereiche kann an die individuellen Gestaltungs- und Nutzungswünsche angepasst werden.

– Welche Qualitätsansprüche muss die Dachabdichtung erfüllen?
– Welche Maßnahmen können zum Schutz der Dachkonstruktion getroffen werden?
– Wie wirkt sich die Dachneigung auf die Entwässerung und die Gestaltung des Dachgartens aus?
– Wie kann das Material für den Dachgarten auf das Dach gebracht werden?
– Wie lassen sich die Zugangsmöglichkeiten zum Dachgarten komfortabel gestalten?
– Welche Absturzsicherungsmaßnahmen sind geplant?

Vegetation
– Ergeben sich aus den klimatischen Bedingungen am Standort (Sonne, Wind, Temperatur) Einschränkungen der Pflanzenauswahl?
– Gibt es ein Leitthema für die Dachgartenbepflanzung?
– Welcher Gründachsystemaufbau passt zur gewünschten Bepflanzung und den statischen Lastreserven?
– Welcher Pflegeaufwand ist mit der geplanten Dachgartenvegetation verbunden?
– Welche Maßnahmen können getroffen werden, um die Wasserversorgung der Pflanzen in Trockenperioden und Zeiten der Abwesenheit zu garantieren?
– Soll die kontinuierliche Pflege durch den Dachgartennutzer oder Fachbetriebe des Garten- und Landschaftsbaus erfolgen?
– Kann die Bepflanzung als natürlicher Wetter- und Sichtschutz fungieren?
– Lassen sich durch entsprechende Begrünungsmaßnahmen schöne Aussichten und Blickachsen effektvoll einrahmen beziehungsweise wenig attraktive Dachbereiche und Umgebungseindrücke abschirmen?
– Wie beeinflusst die Bepflanzung die Außenansicht des Gebäudes?

Nutzung
– Soll der Dachgarten aktiv genutzt werden oder steht vor allem der Anblick von den angrenzenden Wohnbereichen aus im Vordergrund?
– Welche Art der Gartennutzung ist vorgesehen (Ruhegarten, Eventgarten, Obst- und Gemüsegarten)?
– Soll der Dachgarten auch in den Abend- und Nachtstunden genutzt werden?
– Welche technische Infrastruktur wird für die angestrebte Nutzung benötigt (Wasser- und Stromanschlüsse, Beleuchtung)?

Gestaltung

– Soll sich das Leitthema der Vegetation auch in der Gestaltung der Nutzbereiche widerspiegeln?
– Welche Anteile an befestigten und bepflanzten Dachflächen sind geplant?
– Soll der Dachgarten in unterschiedliche Räume gegliedert werden oder eine offene Fläche sein?
– Welche Installationen können als Sonnen- und Windschutz eingesetzt werden?
– Wird ein Sichtschutz zu Nachbargebäuden oder höher liegenden Gebäudeteilen benötigt?
– Wo sollten die Nutzflächen untergebracht werden, um eine möglichst hohe Aufenthalts- und Wohnqualität zu erzielen?
– Welche Punkte auf dem Dach bieten die schönste Aussicht?
– Wo können Lager- und Ablageplätze für Gartenutensilien und Ausstattungsgestände geschaffen werden?

Ein wichtiges Kostenargument für Dachgärten in der Stadt – das Grundstück ist bereits bezahlt.

Stadtökologie

– Welchen Beitrag kann der Dachgarten zur Entlastung der Stadtentwässerung leisten?
– Welche natürlichen Wasserreserven stehen für die Dachgartenbewässerung zur Verfügung?
– Wie lassen sich die positiven Effekte auf das Stadtklima (Abkühlung, Schadstofffilterung, Luftanfeuchtung) optimieren?
– Sollen bei der Wahl der Pflanzen gezielt Aspekte der Biodiversität berücksichtigt werden?
– Ist die Begrünung von anderen Gebäuden einsehbar und kann dadurch zur Verbesserung des Wohnumfeldes beitragen?

Kosten-Nutzen-Bilanz

– Welches Budget steht für die Planung und Ausführung des Dachgartens zur Verfügung?
– Können Fördergelder von kommunaler Seite beantragt werden?
– Kann der Dachgarten als Kompensationsmaßnahme für die Bebauung oder Versiegelung des Grundstücks angerechnet werden?
– Welche Einsparungen ergeben sich bei den Niederschlagswassergebühren?
– Welche Auswirkungen hat die Installation des Dachgartens auf den Immobilienwert?
– Ist eine Zertifizierung des Gebäudes nach einem Green Building Label geplant?

Bei entsprechender Bepflanzung können Dachgärten »Trittstein-Biotope« für Insekten und Vögel liefern

Begrünungsarten

Mit unserem Buchthema konzentrieren wir uns auf eine besondere Form der Dachbegrünung – die sogenannte Intensivbegrünung, wie der Dachgarten im Fachjargon auch genannt wird. Für diese Art der Begrünung steht das Ziel, einen möglichst vollwertigen Gartenersatz mit hoher Aufenthaltsqualität zu schaffen, im Vordergrund. Weitere Arten sind die einfache Intensivbegrünung und die Extensivbegrünung, für die hinsichtlich Gestaltung und Nutzung andere Schwerpunkte gesetzt werden. Da die Übergänge zwischen den drei Arten fließend sind und auch einzelne Vegetationsbereiche einer Intensivbegrünung als einfache Intensivbegrünung oder Extensivbegrünung gestaltet werden können, werden im Anschluss alle drei Begrünungsarten kurz vorgestellt. Für die vergleichende Charakterisierung haben sich die Kriterien Pflegeaufwand, Bewässerung, Pflanzengesellschaften, Aufbaudicke und Gewicht bewährt. Und natürlich sind auch die Kosten unterschiedlich.

Intensivbegrünung/Dachgärten

Diese Begrünungsart überträgt die Nutzungs- und Gestaltungsvielfalt bodengebundener Gärten auf das Dachgrundstück. Höhere Substratschichten und kontinuierliche Pflegemaßnahmen ermöglichen attraktive Pflanzenkompositionen aus Stauden, Gräsern, Blumenzwiebeln, Rasenflächen, Sträuchern und niedrigen Bäumen. Im Unterschied zu herkömmlichen Balkon- und Dachterrassenbepflanzungen mit Blumenkästen und Pflanzkübeln werden dabei vernetzte Lebensräume geschaffen. Mit der Zunahme der Substratstärken ist auch eine entsprechende Gewichtsbelastung für die Dachkonstruktion verbunden. Die Gestaltung eines kompletten Gartens auf dem Dach mit anspruchsvoller Vegetation, hochwertigen Terrassen- und Gehbelägen und weiteren Ausstattungsdetails hat durchaus ihren Preis. Dem steht ein erheblicher Mehrwert gegenüber, der durch den zusätzlichen Wohn- und Lebensraum im Grünen geschaffen wird.

Begrünungsarten im Vergleich			
	Extensivbegrünung	**Einfache Intensivbegrünung**	**Intensivbegrünung**
Pflegeaufwand	gering	mittel	hoch
Zusatzbewässerung	nein	periodisch	regelmäßig
Pflanzengesellschaften	Moos-/Sedum- bis Gras-/Kraut-Begrünung	Gras-/Kraut- bis Gehölz-Begrünung	Rasen oder Stauden bis Sträucher und Kleinbäume
Aufbaudicke	6–12 cm	12–20 cm	20–65 cm
Gewicht	60–150 kg/m²	150–300 kg/m²	300–1000 kg/m²
Kosten	gering	mittel	hoch
Nutzung	»Ökologischer Schutzbelag«	»Gestaltete Begrünung«	»Gepflegte Gartenanlage«

Intensivbegrünung

Einfache Intensivbegrünung

Als Bindeglied zwischen Intensivbegrünung und Extensivbegrünung lässt sich die einfache Intensivbegrünung in beide Richtungen entwickeln – als genutzter Dachgarten mit etwas eingeschränkter Pflanzenauswahl oder als Naturschutzfläche mit Biotopcharakter. Ausgangspunkt für das jeweilige Gestaltungskonzept sind mittlere Substratstärken von 12 bis 25 Zentimetern, die Kombinationen von Gräsern, Kräutern und niedrigen Sträuchern erlauben, aber höher wachsenden Gehölzen noch keinen ausreichenden Wuchsraum bieten. Um den Pflegeaufwand bei dieser Begrünungsvariante einzuschränken, können gezielt Pflanzenarten gewählt werden, die mit den besonderen Klimabedingungen auf dem Dach gut zurechtkommen und keine kontinuierliche Bewässerung oder Düngung benötigen.

Extensivbegrünung

Extensiv begrünte Dächer stellen eindeutig die Funktion des ökologischen Ausgleichs für die zunehmende Versiegelung der Landschaft in den Vordergrund; direkte Nutzung durch Menschen ist nicht vorgesehen. Für die Begrünung der relativ dünnen Substratschichten eignen sich anspruchslose Pflanzenarten, die Temperaturextreme und Trockenstress vertragen und aus den naturnahen Vegetationsformen der Felsspaltengesellschaften und Trocken- beziehungsweise Magerrasenfluren stammen. Zu diesen Arten gehören Moose, Sukkulenten, Kräuter und Gräser. Der Pflegeaufwand beschränkt sich auf ein bis zwei Kontrollgänge im Jahr. Aufgrund der vergleichsweise geringen Substratmengen, die auf das Dach gebracht werden müssen, und der einfachen Bepflanzung handelt es sich bei dieser Begrünungsart um ein sehr kostengünstiges Verfahren.

Einfache Intensivbegrünung

Extensivbegrünung

Bautechnische Grundlagen

Unterhalb des Dachgartens befindet sich ein sehr empfindlicher Gebäudeteil – die Dachkonstruktion mit Tragschale, Wärmedämmung und Abdichtung. Die Nutzung der Dachfläche muss deshalb stets auch den maximalen Schutz des Dachaufbaus gewährleisten. Dachgarten- und Dachkonstruktionsplanung gehen somit Hand in Hand und erfordern enge Kooperation von Gartenplaner und Hochbau-Architekt. Zum besseren Verständnis werden im Folgenden wesentliche bautechnische Grundlagen von Statik, wurzelfester Abdichtung, Dachkonstruktion, Gefälle, Entwässerung, An- und Abschlussbereichen, Barrierefreiheit, Sicherheitsmaßnahmen und Baugenehmigung kurz vorgestellt. Ausführliche Details finden sich in den Regelwerken des Dachdeckerhandwerks, den DIN-Normen, der FLL-Dachbegrünungsrichtlinie und den Planungshilfen der Gründachsystemhersteller und des Deutschen Dachgärtner Verbandes (s. »Weiterführende Literatur«, Seite 158).

Statische Belastbarkeit

Eine Grundvoraussetzung für die Nutzung der Dachfläche als Dachgarten ist eine ausreichende statische Lastreserve. Wenn der Dachgarten auf einem Neubau entstehen soll, lässt sich dies in der Planungsphase problemlos berücksichtigen. Im Altbestand oder für Sanierungen muss geprüft werden, ob bei zu geringen Lastreserven eine statische Ertüchtigung technisch möglich und mit vertretbarem Aufwand realisierbar ist. Im Bauwesen wird zwischen der ständigen Last und den sogenannten Nutz- oder Verkehrslasten unterschieden. Für die Berechnung der ständigen Flächenlast wird der wassergesättigte Zustand der Dachbegrünung zugrunde gelegt. Ein Systemaufbau für Intensivbegrünungen mit einer Aufbauhöhe von 27 Zentimetern, wie er auf Seite 124 beschrieben wird, schlägt mit zirka 340 Kilogramm je Quadratmeter zu Buche. Hinzu kommt das Eigengewicht der Pflanzen, das je nach Vegetationsform 5 bis 10 (Rasen und Stauden) oder 30 bis 60 Kilogramm je Quadratmeter (Sträucher und Kleinbäume) betragen kann (vgl. Dachbegrünungsrichtlinie 2008, FLL). Ausstattungselemente wie Pergolen, Natursteine oder Pflanztröge und das Eigengewicht der Terrassen- und Gehbeläge müssen ebenfalls als ständige Last berücksichtigt werden.

Dies gilt auch für das zusätzliche Gewicht des Wassers einer Anstaubewässerung (vgl. »Dachgartenbewässerung«, Seite 137) oder eines Gartenteichs auf dem Dach. Die nicht ständig wirksamen Nutz- oder Verkehrslasten durch Personen werden bei Dachterrassen und begehbaren Dachflächen mit 400 Kilogramm je Quadratmeter angesetzt. Je nach Bepflanzungsvariante und Nutzungsart können also leicht mehr als 500 Kilogramm je Quadratmeter an Lasten zusammenkommen. Wenn die statischen Lastreserven auf der Dachfläche unterschiedlich verteilt sind, liegt es an der Kreativität der Planer, daraus ein stimmiges Gestaltungskonzept zu entwickeln. Für Flächen

An den Dachrandbereichen kann die Substratmenge stellenweise erhöht werden, um ausreichend Wurzelraum für Gehölze zu schaffen.

mit vergleichsweise geringen Lastreserven bieten sich zum Beispiel Bepflanzungsvarianten mit reduzierter Aufbauhöhe (vgl. »Gründachsystemaufbauten«, Seite 124f.) oder leichte Terrassenbeläge auf Stelzlagern (s. Seite 140) an, während sich an den Dachrändern und über tragenden Wänden auch höhere Substratmengen oder Pflanztröge für größere Gehölze platzieren lassen.

Dachabdichtung

Die Qualität der Abdichtungsbahn und der Wurzelschutz stellen weitere essentielle bautechnische Kriterien dar. Für Neubauten kann von vornherein eine hochwertige Abdichtung mit integriertem Wurzelschutz gewählt werden. Die Forschungsgesellschaft Landschaftsentwicklung Landschaftsbau (FLL) hat bereits vor vielen Jahren ein standardisiertes Verfahren zur Untersuchung der Wurzelfestigkeit von Bahnen und Beschichtungen unter Dachbegrünungen eingeführt. Zu den Abdichtungsmaterialien mit dem FLL-Zertifikat »wurzelfest« gehören verschiedene Bitumen-, Kautschuk- und Kunststoffbahnen sowie Flüssigabdichtungssysteme. Einige Abdichtungshersteller haben ihre Produkte auch auf die Festigkeit gegenüber unterirdischen Sprossausläufern (Rhizomen) testen lassen und bieten dadurch zusätzliche Sicherheit. Wenn der Dachgarten auf einem Bestandsgebäude entstehen soll, dessen Abdichtung zwar voll funktionstüchtig ist, aber keinen Wurzelschutz aufweist, muss über der Abdichtung eine separate Wurzelschutzbahn mit FLL-Prüfzertifikat verlegt werden. Neben der Dachfläche müssen natürlich auch alle An- und Abschlussbereiche, Fugen und Dachdurchdringungen wurzelfest ausgebildet werden.

Dachkonstruktion

Im Bereich der Flachdachkonstruktionen lassen sich drei wesentliche Varianten unterscheiden – das einschalige, nicht belüftete Flachdach (»Warmdach«), das »Umkehrdach« und das zweischalige, belüftete Flachdach (»Kaltdach«). Jeder Bautyp hat seine konstruktiven und bauphysikalischen Besonderheiten. Für die Installation eines Dachgartens spielen vor allem die Lage und Belastbarkeit des Dämmstoffpakets sowie die Statik eine wichtige Rolle. Unter Intensivbegrünungen werden laut Flachdachrichtlinien außerdem Maßnahmen empfohlen, die eine Unterläufigkeit der Abdichtungsebene verhindern.

Warmdach

Der Regelaufbau des einschaligen, nicht belüfteten Flachdachs setzt sich aus Tragschale, Dampfsperre, Wärmedämmung und Abdichtung (s. unten) zusammen. Dieser Dachaufbau kommt in Deutschland bei Flachdächern am häufigsten vor, er bedeutet keine besonderen Einschränkungen für die Begrünung, wenn die Druckfestigkeit des Wärmedämmstoffs auf die geplante Gestaltung und Nutzung des Dachgartens abgestimmt ist.

Befindet sich der Dachgarten über einem Raum, der nicht für Wohnzwecke genutzt wird (z. B. auf einer Garage), fehlen im Aufbau in der Regel die Wärmedämmung und die Dampfsperre. Da die Substratschicht aufgrund der fehlenden Wärmezufuhr von unten im Winter leicht durchfrieren kann, sollte man in diesem Fall besonderen Wert auf die Frostresistenz der Vegetation legen.

Die dachtechnischen Vorleistungen müssen auf die geplante Dachgartennutzung abgestimmt werden.

Aufbau Warmdach – einschaliges Dach

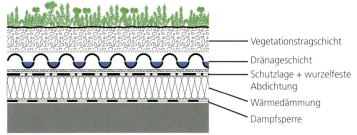

Umkehrdach

Eine Variante des einschaligen Daches ist das sogenannte Umkehrdach. Hier liegt die Wärmedämmung über der Abdichtung und kommt dadurch in Kontakt mit der Witterungsfeuchte. Die Konstruktion erfordert deshalb einen qualitativ hochwertigen Dämmstoff (z. B. extrudiertes Polystyrol – XPS), der für diesen Einsatzzweck zugelassen ist und nur in sehr geringem Maße Wasser aufnehmen kann. Für den Gründachsystemaufbau über der Wärmedämmung hat dies zwei wichtige Konsequenzen. Um ein Ausdiffundieren der Restfeuchtigkeit aus der Dämmung nicht zu behindern, muss der Aufbau diffusionsoffen sein und darf keine Wassersperrschicht enthalten. Eine Anstaubewässerung schließt sich damit aus. Zudem liefert die Druckfestigkeit der Wärmedämmung eine hervorragende Abschirmung der Abdichtung gegen mechanische Belastung, sodass im Gründachsystemaufbau auf eine Schutzlage verzichtet werden kann.

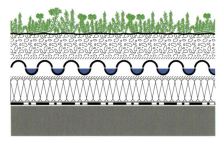

Aufbau Umkehrdach

Kaltdach

Das zweischalige, durchlüftete Dach mit Wärmedämmung besteht aus einer Doppelschale mit einer dazwischenliegenden Durchlüftungsschicht. Durch die Luftzirkulation kann die durch die Decke diffundierende Feuchtigkeit aus dem Gebäudeinneren abgeleitet werden, ohne dass sich Tauwasser in der Dachkonstruktion bildet. Der günstige Einfluss auf die bauphysikalischen Eigenschaften ist in der Regel mit geringerer Tragfähigkeit der oberen Schale verbunden, und so scheidet ein Dachgarten auf einer solchen Dachkonstruktion häufig aus.

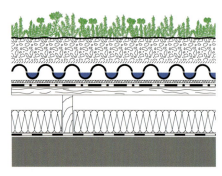

Aufbau Kaltdach – zweischaliges Dach

Wenn der Dachgarten auf einem Bestandsgebäude entstehen soll und im Rahmen der Modernisierung auch eine Verbesserung des Wärmeschutzes vorgesehen ist, so kann man einen speziellen wärmedämmenden Gründachsystemaufbau wählen. Zu dieser Variante gehört ein Dränage-Element aus Polystyrol-Hartschaum mit garantiertem Wärmedurchlasswiderstand gemäß allgemeiner bauaufsichtlicher Zulassung. Ist die ursprüngliche Dachkonstruktion als Warmdach ausgebildet, entsteht ein »Duo-Dach« oder »Plusdach«, dessen Abdichtung zwischen zwei Wärmedämmschichten liegt.

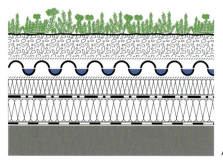

Aufbau Duo-Dach/Plusdach

Dachgefälle

Genutzte Dachflächen werden häufig ohne oder mit einem sehr geringen Gefälle (0–1 Prozent) ausgeführt. Dies ist in der Regel kostengünstiger, hat Vorteile für die Aufenthalts- und Wohnqualität (Stichwort: ebene Belagsflächen) und gestattet gleichzeitig die Erhöhung der Wasserreserven im Rahmen einer Anstaubewässerung. Das Dachgefälle wirkt sich aber auch sehr stark auf die Ableitungsgeschwindigkeit des Niederschlagswassers aus. Während langsame Wasserabführung in der Vegetationstragschicht förderlich für die Wasserversorgung der Pflanzen sein kann, erzeugt stehendes Wasser auf der Dachkonstruktion eine zusätzliche Belastung, die durch höhere Qualität der Abdichtungsmaterialien kompensiert werden muss. Und auch auf den befestigten Flächen ist stehendes oder nur langsam abfließendes Wasser unerwünscht; es muss mit entsprechenden Maßnahmen geregelt abgeführt werden (vgl. »Terrassen- und Gehflächen«, Seite 139). Ein Dachgefälle von mindestens 2 Prozent ist für die Entwässerungsplanung deshalb weniger problematisch und lenkt das überschüssige Niederschlagswasser aus den Vegetationsbereichen bereits in Richtung der Dachabläufe. Dies gilt auch für den oberflächlichen Wasserabfluss von Pflaster-, Beton- und Holzbelägen.

Dachentwässerung

Die Entwässerungsplanung für Dachgärten hat das Ziel, Regenwasser als wertvolle natürliche Ressource effizient zu nutzen und gleichzeitig überschüssiges Wasser sicher und schnell von der Dachfläche abzuleiten, um eine unnötige Belastung und Gefährdung der Gebäudekonstruktion zu vermeiden. Für die Bemessung der Dachabläufe und Entwässerungskonstruktionen spielen die Wasserdurchlässigkeit beziehungsweise das Wasserspeichervermögen des Begrünungsaufbaus, die Dachneigung, die Dachfläche und die durchschnittlichen lokalen Niederschlagsmengen eine wichtige Rolle. Außerdem sollte das Entwässerungskonzept auf die unterschiedlichen Nutzungsvarianten (Vegetation, Gehwege, Terrassen) abgestimmt sein. Gesonderte Behandlung erfordern Bereiche, die an aufgehende Gebäudeteile angrenzen und neben dem normalen Flächenniederschlag zusätzlich dem senkrecht ablaufenden Wasser ausgesetzt sind. Kiesstreifen, Rinnen und Roste können in diesen Bereichen eine schnelle Ableitung des Überschusswassers in die Dränageschicht unterstützen und außerdem Spritzwasserverschmutzungen verhindern. Selbstverständlich müssen alle Dachabläufe jederzeit über sogenannte Kontrollschächte beziehungsweise Entwässerungsroste im Terrassenbereich leicht zugänglich sein.

Rinnen und Roste unterstützen die Dachentwässerung an der Schnittstelle zwischen Außen- und Innenbereich.

Dachgärten sind in der Lage, große Niederschlagsmengen im Substrat und in der Dränageschicht zu speichern. Lange Zeit im Jahr fällt deshalb nur sehr wenig Überschusswasser an, das über die Dachabläufe in die öffentlichen Kanalnetze eingeleitet und damit Entsorgungsaufwand verursachen würde. Der Regenwasserrückhalt von Dachbegrünungen wird daher von vielen Kommunen mit herabgesetzten Gebühren für Niederschlagswasser finanziell gefördert.

An- und Abschlussbereiche von Dachabdichtungen

An den An- und Abschlussbereichen begrünter Dächer müssen folgende Mindesthöhen für das Hochführen der wurzelfesten Dachabdichtungsbahn beziehungsweise der Abdichtungsbahn und des Durchwurzelungsschutzes eingehalten werden:
– an aufgehenden Gebäudeteilen und Dachdurchdringungen: 15 Zentimeter Mindestanschlusshöhe;
– an Dachrändern: 10 Zentimeter Mindestabschlusshöhe.

Diese Werte gelten für Flachdächer bis zu einer Dachneigung von 5 Grad (~ 9 Prozent Dachgefälle). Bei stärkerer Dachneigung kann die Mindesthöhe in den Anschluss- und Abschlussbereichen jeweils um 5 Zentimeter reduziert werden. Die Höhen werden dabei immer ab Oberkante des Begrünungsaufbaus beziehungsweise Nutzbelags gemessen. In schneereichen Gebieten und bei besonderen Anforderungen können auch größere Mindesthöhen nötig sein. Da die An- und Abschlussbereiche über die Oberfläche der schützenden Begrünung hinausragen und somit Witterung und Temperaturschwankungen ausgesetzt sind, sollten sie mit Klemm- und Abdeckprofilen sicher verwahrt werden.

Zugänglichkeit und barrierefreie Übergänge

Für die Planung der Zugänge zur Dachfläche sollte man besonderen Wert auf eine einfache, komfortable Nutzung legen. In diesem Zusammenhang wäre eine 15 Zentimeter hohe Türschwelle an der Schnittstelle von Wohn- und Dachgartenbereich (s. Mindestanschlusshöhe an aufgehende Gebäudeteile) eine erhebliche Barriere. Die Flachdachrichtlinien erlauben eine Reduktion der Anschlusshöhe auf 5 Zentimeter, wenn vor dem Türaustritt Rinnen oder Roste eingesetzt werden, die über ausreichendes Wasserrückhaltevermögen verfügen und die zu jeder Zeit die schnelle Abführung des Niederschlagswassers in die Flächendränage gewährleisten.

Aber auch barrierefreie, niveaugleiche Türaustritte lassen sich verwirklichen, wenn dem Objekt angepasste Sonderlösungen eingeplant werden. Hierzu bietet sich eine Kombination folgender Maßnahmen an:

– Türschwellen und Türpfosten sind von der Abdichtung zu hinterfahren, oder die Abdichtung muss wasserdicht angeschlossen werden.
– Über dem Türaustritt befindet sich ein ausreichend großes Vordach als Schutz gegen Schlagregen.
– Am Türaustritt werden die Rinnen mit Gitterrost unmittelbar an die Entwässerung angeschlossen.
– Ein ausreichendes Oberflächengefälle führt vom Türbereich weg.

Die Forderung nach barrierefreien Übergängen gewinnt auch aufgrund des demografischen Wandels in Deutschland zunehmend an Bedeutung. Dachgärten sollten so geplant und ausgeführt werden, dass sie ihren Nutzern einen Rückzugs- und Wohlfühlraum in unterschiedlichen Lebensphasen und Familiensituationen bieten. Zugänglichkeit und Sicherheit sind in diesem Zusammenhang grundlegende Themen.

Niveaugleiche Übergänge machen den Dachgarten zum erweiterten Wohnzimmer.

Neben Sicherheitsaspekten haben auch Windexposition und Aussehen Einfluss auf die Wahl der Geländerfüllung.

Absturzsicherung

Auf Dachgärten und Dachterrassen müssen dauerhafte Vorkehrungen zur Absturzsicherung installiert werden. Neben einer erhöhten Attika oder entsprechend dimensionierten Pflanzgefäßen am Dachrand kommen hierfür vor allem Geländerkonstruktionen mit unterschiedlichen Füllungen (Stäbe, Glasplatten, Lochbleche usw.) in Frage. Besondere Sorgfalt sollte dabei auf kindersichere Gestaltung gelegt werden. Waagrechte Stäbe, Leisten oder Seile, die zum Klettern einladen könnten, sind deshalb auf Familiendachgärten tabu, und auch bei senkrechter Anordnung sollte der Abstand der Stäbe nicht mehr als 12 Zentimeter betragen. Die Montage der Geländer kann dachdurchdringungsfrei an speziellen Basisplatten erfolgen, die über die Auflast des jeweiligen Belags (Dachbegrünung, Platten oder Kies) abgesichert werden. Dies hat den Vorteil, dass die Abdichtungsebene bei der Verankerung der Geländer nicht angegriffen wird und dadurch potentielle Leckagestellen konsequent vermieden werden.

Die vorgeschriebenen Attika- und Geländerhöhen (in der Regel 90 bis 110 Zentimeter über Belag) können je nach Höhe des Gebäudes, Abstand zur Dachkante und örtlichen Bauvorschriften differieren. Dieser Punkt muss deshalb unbedingt im Rahmen der Baugenehmigung abfragt werden. Die Wahl der Absturzsicherungsmaßnahme ist aber nicht nur Teil des Sicherheitskonzeptes, sondern beeinflusst auch die optische Qualität. Dies gilt zum Beispiel für Ausblicke in die Umgebung, die je nach Geländerfüllung unterschiedlich stark beeinträchtigt werden können. Darüber hinaus können Geländer und Attika für die Außenansicht eines Gebäudes gestalterisch eine Rolle spielen. Wer auf einen natürlichen Eindruck Wert legt, kann die Bepflanzung an den Dachrändern so gestalten, dass sie die Sicherheitsvorkehrungen mit der Zeit in eine grüne Fassung verwandelt.

Brandsicherheit

Dachgärten sind bei entsprechender Pflege und Bewässerung ausreichend widerstandsfähig gegen Flugfeuer und strahlende Wärme und gelten als »harte Bedachung«. Es gibt daher für die Brandsicherheit keine zusätzlichen Anforderungen der Baubehörde oder der Gebäudeversicherungen.

Baugenehmigung

Die Nutzung der Dachfläche als Wohn- und Freizeitraum ist in der Regel genehmigungspflichtig. Dies gilt sowohl für Neubaumaßnahmen als auch für Anbauten und Modernisierungen. Bei der örtlichen Baubehörde lässt sich schnell klären, welche Unterlagen eingereicht werden müssen und ob für die Erstellung des Dachgartens ein vereinfachtes oder genehmigungsfreies Verfahren angewandt werden kann. Letzteres kann zum Beispiel der Fall sein, wenn die Nutzung einer Dachfläche als Dachterrasse oder Dachgarten bereits im Bebauungsplan berücksichtigt wurde. Etwas komplizierter ist es, wenn das Gebäude nicht Eigentum des zukünftigen Dachgartennutzers ist. In diesem Fall muss vor der Beantragung der Baugenehmigung das Einverständnis des Hauseigentümers, der Hausverwaltung, des Mieterrats oder einer vergleichbaren Stelle eingeholt werden.

Gründachsystemaufbauten

Im Unterschied zum Boden hat das Dach als Ort für den Garten einige Besonderheiten, aufgrund deren die naheliegende Idee, einfach nur Erde auf die Dachfläche aufzubringen und anschließend die Bepflanzung vorzunehmen, nicht zum gewünschten Erfolg führt. So fehlt auf dem Dach zum Beispiel der natürliche Grundwasserhorizont als Puffer, um in Trockenperioden Wasser in den Wurzelbereich der Pflanzen nachzuliefern. Auch der Aufbau des Bodenprofils kann sich nur bedingt an den natürlichen Verhältnissen orientieren, da die statischen Lastreserven in der Regel zur Begrenzung der Substrathöhen führen, ganz zu schweigen von dem logistischen und finanziellen Aufwand, der mit dem Aufbringen meterhoher Erdschichten auf dem Dach verbunden wäre. Vor diesem Hintergrund hat sich der Einsatz kompakter Gründachsystemaufbauten mit ihrer Kombination aufeinander abgestimmter künstlicher und natürlicher Elemente bestens bewährt. Im Folgenden wird ein dreischichtiger Regelaufbau mit Dränageschicht, Filterschicht und Vegetationstragschicht, der den Kriterien der FLL-Dachbegrünungsrichtlinie entspricht, kurz vorgestellt.

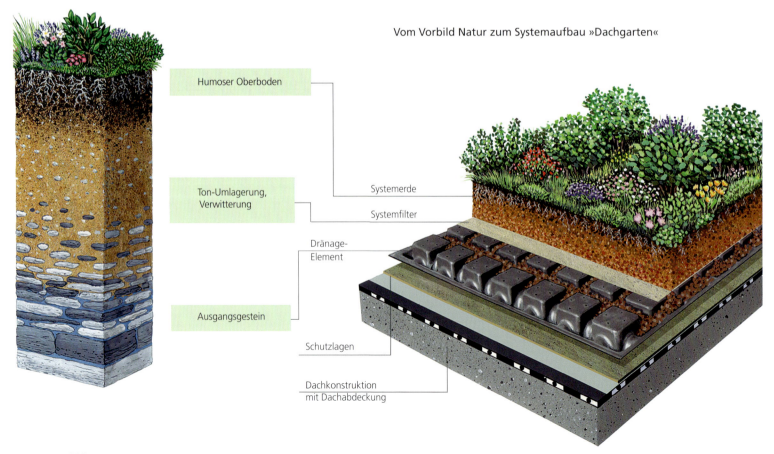

Vom Vorbild Natur zum Systemaufbau »Dachgarten«

Schutzlage

Mechanische und stoßartige Belastungen stellen für den Dachaufbau während der Begrünungsarbeiten und auch bei der späteren Nutzung und Pflege des Dachgartens eine mögliche Gefahrenquelle dar. Um die Sicherheit der Abdichtungsebene zu gewährleisten, werden deshalb auf der Dachabdichtung sogenannte Schutzlagen aufgebracht. In der Regel kommen dabei Synthesefasermatten oder Schutzmatten aus Recyclinggummi mit hohem Durchdrückwiderstand zum Einsatz. Die erforderliche Materialqualität der Schutzlage orientiert sich dabei an der Stärke der Beanspruchung.

Dränageschicht

Als erster, unterster Schicht im Gründachsystemaufbau fällt den Dränage-Elementen die Aufgabe zu, den Wasser- und Lufthaushalt im Wurzelraum der Pflanzen zu regulieren. Dieser Funktion entspricht die Gestaltung der profilierten Kunststoffelemente. Während in den Mulden an der Oberseite Wasser bis zu einer genau definierten Menge gespeichert wird und den Pflanzen über Diffusionsprozesse später zur Verfügung steht, leitet das Kanalsystem an der Unterseite überschüssiges Wasser schnell und sicher in die Dachabläufe, sodass keine Staunässe auftreten kann. Integrierte Luftkammern versorgen den Wurzelraum zusätzlich mit Sauerstoff und sorgen so für optimale Wachstumsbedingungen.

Filterschicht

Auf den Dränage-Elementen liegt ein Filtervlies; es verhindert das Verschlämmen der Dränageschicht und der Abflussleitungen durch Bodenpartikel aus der Vegetationstragschicht. Gleichzeitig gewährleistet die Wasserdurchlässigkeit des Vlieses die sichere Abführung des Niederschlagswassers in die Entwässerungseinrichtungen. Die Funktion der Filterschicht ist in den ersten Jahren nach der Installation des Dachgartens von besonderer Bedeutung, da das Wurzelwerk der Bepflanzung noch nicht stark genug entwickelt ist, um Auswaschungseffekte zu verhindern. Wertvolle Feinteile, Humusstoffe und organische Pflanzenreste werden durch den Filter zurückgehalten und stehen dem Nährstoffkreislauf weiter zur Verfügung.

Vegetationstragschicht

Die im Dachgartenbereich verwendeten Substrate orientieren sich in ihrer Zusammensetzung und Schichtstärke an den Bedürfnissen der jeweiligen Vegetationsformen und Pflanzenarten. Zu den Schlüsselkriterien zählen dabei Wasserspeicherkapazität, Wasserdurchlässigkeit, Nährstoffgehalte, pH-Werte, Korngrößen und Luftkapazität. Wasser- und Lufthaushalt stehen in Wechselbeziehungen zur Dränageschicht, weshalb bei der Substratwahl neben der Eignung für die jeweilige Bepflanzung immer auch das Zusammenspiel mit den weiteren Komponenten des Systemaufbaus (Dränage-Elemente und Filterschicht) berücksichtigt werden sollte. Welche Substrate sich prinzipiell für den Dachgartenbereich eignen, wird im Kapitel »Substrate für Dachbegrünungen« (Seite 126) näher beschrieben.

Pflanzen

Wenn die Vegetationstragschicht einen ausreichend dimensionierten Wurzelraum bietet, lassen sich auf dem Dach neben Stauden, Gräsern und Rasen auch Sträucher und kleine Bäume in das Bepflanzungskonzept integrieren. Für die Auswahl der Pflanzen würde allerdings die Ausrichtung ausschließlich an Substratstärke und Wasserversorgung zu kurz greifen. Auch die besonderen klimatischen Bedingungen am Dachstandort (Wind-, Strahlungs-, Frost- und Trockenheitsexposition) müssen Eingang in die Gestaltungsplanung finden; darüber hinaus ist das zur Erhaltung des Erscheinungsbildes notwendige Pflegekonzept im Vorfeld mit dem Bauherrn abzustimmen. Detaillierte Hinweise zur Pflanzenauswahl für Dachgärten finden sich ab Seite 128.

Die hohe Flexibilität und Variationsvielfalt, die die vorgestellten Funktionsschichten und Materialien in ihrer Zusammensetzung ermöglichen, werden individuellen Gestaltungswünschen und spezifischen Dachsituationen gerecht. Hier seien drei Basisvarianten vorgestellt, auf denen sich verschiedene Vegetationsformen sicher etablieren lassen.

Gründachsystemaufbau für Intensivbegrünungen

Planer und Gestalter von Dachgärten begegnen häufig dem Wunsch nach abwechslungsreichen Pflanzengesellschaften, die im Hinblick auf Vielfalt und Wuchsformen den Vergleich mit Gärten am Boden nicht zu scheuen brauchen. Zu den Wünschen gehören natürlich auch Kombinationen bepflanzter Teilbereiche mit Nutzflächen und Gehbelägen, um den Wohn- und Freizeitkomfort zu erhöhen. Der Gründachsystemaufbau für Intensivbegrünungen trägt diesen Ansprüchen Rechnung und vereint Funktionssicherheit bei der Wasser- und Nährstoffversorgung der Pflanzen mit hoher Flexibilität in der Gestaltung.

Die Standardausführung des Systemaufbaus mit Substrathöhen ab 20 Zentimetern eignet sich für Rasen, Stauden und Kleingehölze

Gründachsystemaufbau für Intensivbegrünungen bei limitierten Lastreserven

Eine besondere Herausforderung für die Planung stellen Dachflächen dar, die nach Abzug der Verkehrslasten durch Personen nur noch sehr geringe Reserven für die ständige Flächenlast des Vegetationsaufbaus haben. Eine Reduzierung der Substratstärken im Aufbau schränkt aber auch die Auswahlmöglichkeiten für die Vegetation ein. Unter normalen Bedingungen würde zum Beispiel eine Substratschicht von weniger als 15 Zentimetern einer Rasenvegetation keine ausreichende Wachstumsgrundlage mehr bieten. Damit der Dachgartenbesitzer in einem solchen Fall nicht auf die bunte Dachwiese verzichten muss, wurde das Gründachsystem »Sommerwiese« entwickelt (vgl. »München – Skyline-Blick«, Seite 80).

Die Integration einer Unterflurbewässerung mit Tropfschläuchen innerhalb des Dränage-Elements und die kapillare Wasserversorgung des Wurzelraums über ein Dochtvlies (s. Seite 137), ermöglichen es, eine Mischvegetation aus Rasen und Kräutern auf einer Substrathöhe von nur 8 Zentimetern zu etablieren. Dabei hat es der Dachgartenbesitzer selbst in der Hand, welcher Vegetationstyp sich im Laufe

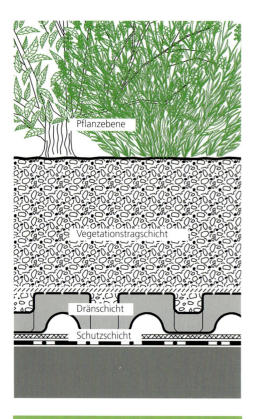

Gründachsystemaufbau für Intensivbegrünungen

bis 1,5 Meter. Wird der Wurzelraum weiter erhöht, können dann auch höher wachsende Sträucher und kleine Bäume gepflanzt werden. Die Wasserspeicherung liegt in der Standardausführung bereits bei 110 Litern pro Quadratmeter. Dieser Wert kann bei entsprechendem Wasserbedarf der Bepflanzung im Rahmen einer Anstaubewässerung noch weiter erhöht werden (s. »Dachgartenbewässerung«, Seite 136).

Aufbauend auf dem stabilen Dränage-Element lassen sich auch Terrassen- und Gehbeläge, Spielbereiche und Teiche ohne weiteres realisieren. Zudem kann das multifunktionale Dränage-Element als »verlorene Schalung« für Betonfundamente eingesetzt werden, die zur Verankerung verschiedener Ausstattungselemente (z. B. Pergolen, Rankgerüste, Beleuchtung, Beetabgrenzungen) dienen. Dies hat den Vorteil, dass die Dränageschicht keine Unterbrechung erfährt. Für die Fixierung von Geländern gibt es spezielle Basisplatten, die durch Auflast gehalten werden und dadurch eine dachdurchdringungsfreie Montage ermöglichen.

Gründachsystemaufbau für leichte Intensivbegrünungen

der Zeit durchsetzen wird. Durch häufiges Mähen des vorkultivierten Kräuterrollrasens entwickelt sich die Vegetation in Richtung Rasen; reduzierte Rückschnitthäufigkeit lässt den Kräuteraspekt in den Vordergrund treten. Zu den Vorteilen des Systems gehört neben der geringen Gewichtsbelastung, die mit 165 Kilogramm pro Quadratmeter im Bereich der einfachen Intensivbegrünung liegt, die Arbeits- und Zeitersparnis durch die automatische Unterflurbewässerung. Auch die damit einhergehende ökonomische Wasserverwendung kann als Pluspunkt verbucht werden.

Gründachsystemaufbau für einfache Intensivbegrünungen

Gestaltungsvarianten, die ein optisch attraktives Pflanzenbild mit geringer Gewichtsbelastung und moderatem Pflegeaufwand verbinden, lassen sich mit dem Gründachsystemaufbau für einfache Intensivbegrünungen verwirklichen. Zwar beschränkt sich die Pflanzenauswahl in diesem Fall auf Arten, die mit einem reduzierten Wurzelraum und gelegentlichem Trockenstress gut zurechtkommen. Dies muss aber kein Nachteil sein. Gerade in den mediterranen Florengesellschaften findet sich eine Vielzahl von trockenresistenten Flächenstauden und Halbsträuchern, die mit ihren Farben prächtige Akzente bilden und zudem ein breites Duftspektrum bieten. Auch Arten der Trocken- und Halbtrockenrasen, Zwergstrauchheiden und Felsspaltengesellschaften können zur Ergänzung herangezogen werden. Je nach individuellem Gestaltungswunsch kann diese Art der Bepflanzung einzelne Beete oder Teilflächen einnehmen, aber auch die gesamte Vegetationsplanung bestimmen.

Trotz des geringen Wasserbedarfs der trockenheitsresistenten Pflanzenarten sollte die Möglichkeit periodischer Bewässerung auf jeden Fall eingeplant werden. Ein kontinuierlicher Wasseranstau wie bei den anspruchsvolleren Intensivbegrünungen ist aber nicht nötig. Ganz im Gegenteil: Ein gewisser Trockenstress für die Bepflanzung kann sogar erwünscht sein, um möglichen Fremdanwuchs auf natürliche Art und Weise in Zaum zu halten und dadurch den Zeitaufwand für die Pflege zu reduzieren. Obwohl die eingesetzten Dränage-Elemente im Vergleich zum Standardsystemaufbau für reine Intensivbegrünungen etwas niedriger sind und eine geringere Wasserreserve vorsehen, sind auch hier Kombinationen mit Geh- und Terrassenbelägen sowie die Verwendung als verlorene Schalung ohne weiteres möglich. Im Unterschied zu einem klassischen Nutzrasen bieten einfache Intensivbegrünungen zudem eine enorme ökologische Qualität. Mit geschickter Artenauswahl und Modulationen in der Substratoberfläche lassen sich Lebensräume für die unterschiedlichsten Insektenarten schaffen. Viele Dachgartenplaner wissen diese Vorteile zu schätzen, weshalb sich die einfache Intensivbegrünung im Bereich der Dachgartengestaltung ihren festen Platz erobert hat.

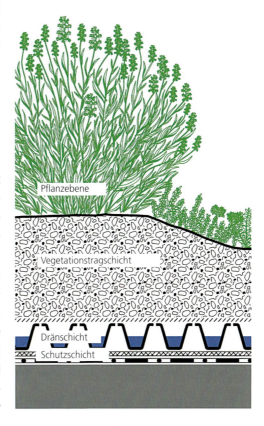

Gründachsystemaufbau für einfache Intensivbegrünungen

Substrate für Dachbegrünungen

Aufgabe der Vegetationstragschicht ist es, die Pflanzen mit allem zu versorgen, was für einen langfristigen Begrünungserfolg notwendig ist – mit Wasser, Nährstoffen, Bodendurchlüftung und einer guten Wurzelverankerung. Gleichzeitig beeinflussen die Substrate über ihre statische Last und die Ableitung des überschüssigen Niederschlagswassers aber auch die Sicherheit der Dachkonstruktion. Die Vegetationstragschicht ist also Teil eines Wirkungsgefüges, in dem bautechnische Grundlagen und vegetationstechnische Ansprüche ineinander greifen. Zu den wichtigsten Prüfkriterien qualifizierter Gründachsubstrate gehören das Volumengewicht in trockenem und wassergesättigtem Zustand, die Wasserspeicherung und Wasserdurchlässigkeit, Nährstoff- und Salzgehalte, Luftvolumen, pH-Werte, Struktur- und Verwitterungsstabilität und die richtige Zusammenstellung der Korngrößen. Außerdem sollten die Substrate frei von Verunreinigungen mit Samen und regenerationsfähigen Pflanzenteilen sein, um zusätzlichen Pflegeaufwand auszuschalten. Aktuelle Prüfzertifikate nach den Dachbegrünungsrichtlinien der Forschungsgesellschaft Landschaftsentwicklung Landschaftsbau (FLL) bieten hier anerkannte Sicherheit.

Ähnlich wie für Gärten am Boden werden auch für Gärten auf dem Dach spezielle Substratmischungen für verschiedene Begrünungsarten angeboten. Für dünnschichtige Extensivbegrünungen mit anspruchsloser Bepflanzung (s. »Extensive Dachbegrünung«, Seite 147) kommen vor allem mineralische Substrate mit grober Körnung und niedrigem organischen Gehalt zum Einsatz. Im Vergleich dazu verlangt die Dachgartenvegetation verbesserte Wasserspeicherung und höheren Nährstoffgehalt im Substrat. Dies wird durch eine abgestufte Erhöhung des organischen Anteils erreicht.

Besonderes Augenmerk verdienen bei der Zusammenstellung der Substratmischungen die Wasser-, Luft- und Nährstoffkreisläufe im Wuchsraum. Bei heftigen Regengüssen muss die Vegetationstragschicht das überschüssige Wasser zuverlässig und schnell in die Dränageschicht abführen. In Trockenzeiten erfolgt der Wassertransport in gegenläufiger Richtung – das in den Dränage-Elementen und den unteren Substratschichten gespeicherte Wasser wird über Kapillar- und Diffusionsprozesse in den Wurzelraum zurückgeführt und steht dort den Pflanzen zur Verfügung. Damit dieser Kreislauf nicht durch Kapillarbrüche gestört wird, ist auf die richtige Korngrößenverteilung der Substrate zu achten. Gleiches gilt für das Luftporenvolumen im Wurzelraum. Sind die feinkörnigen Substratanteile zu hoch, kann dies über Verdichtungen und Setzungen zu einer schlechteren Durchlüftung der Vegetationstragschicht führen. Bei Intensivbegrünungen in Mehrschichtbauweise sollte deshalb der Gehalt an organischer Substanz im Substrat 40 Volumenprozent nicht überschreiten. Als unterstützende Maßnahme zum Schutz vor Vernässung und

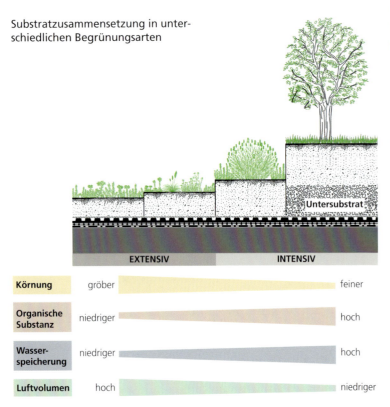

Substratzusammensetzung in unterschiedlichen Begrünungsarten

Fäulnis bietet sich bei Aufbauhöhen ab 35 bis 40 Zentimetern außerdem die Aufteilung der Vegetationstragschicht in ein Obersubstrat und ein mineralisch gehaltenes Untersubstrat mit geringerer Wasserspeicherkapazität an. Die Nährstoffgehalte der Substrate sind auf die jeweilige Vegetation abzustimmen, wobei ein zu hoher Gehalt in den Ausgangssubstraten wenig Sinn hat, da zu diesem Zeitpunkt die Wachstumsprozesse erst beginnen und die Auswaschungsverluste entsprechend hoch sind. Bei Intensivbegrünungen empfiehlt sich deshalb eine bedarfsgerechte Ergänzung der Nährstoffe mit Langzeitdüngern im Rahmen der regelmäßigen Pflegemaßnahmen. Da natürliche Böden bei den eingeschränkten Aufbauhöhen der Dachgärten zu Verschlämmungen und Verdichtungen neigen, in ihrer Zusammensetzung häufig starken Schwankungen unterworfen sind und zudem ein relativ hohes Gewicht haben, ist ihre Verwendung in der Vegetationstragschicht kritisch zu sehen.

Auch wenn die Ansprüche einzelner Pflanzenarten stark variieren können, lassen sich für die verschiedenen Vegetationstypen der Intensivbegrünung und der einfachen Intensivbegrünung die Untergrenzen der jeweiligen Substratstärken in groben Anhaltswerten angeben. Eine Wildwiese mit trockenresistenten Gräsern und Kräutern kann bereits in Substrat mit einer Höhe von 15 Zentimetern erfolgreich etabliert werden.

Anspruchsvollere Stauden, Rasen und Kleingehölze bis 1,5 Meter benötigen 20 Zentimeter Substrathöhe, für Sträucher bis 3 Meter sollten es mindestens 30 Zentimeter sein. Die Kombination von 35 bis 40 Zentimetern Obersubstrat und 25 Zentimetern Untersubstrat ermöglicht die Bepflanzung mit Kleinbäumen.

Der Transport der Substrate auf das Dach kann angesichts von Gebäudehöhe und Umgebungsbebauung eine logistische Herausforderung sein; er erfordert deshalb im Vorfeld genaue Planung. Dies gilt auch für die Terminierung der Lieferung, da die unteren Schichten des Gründachsystemaufbaus (Schutzlage, Dränageschicht und Filterschicht) sehr leicht sind und nach dem Verlegen erst durch das Gewicht der Vegetationstragschicht sicher auf dem Dach gehalten werden. Hinsichtlich der Lieferform lassen sich offene und verpackte Ware unterscheiden. Falls das Material lose mit dem LKW angeliefert wird, kann es mit Kran und Schütte oder mit einem LKW-Greifer aufs Dach gebracht werden. Bei einer Zwischenlagerung der Substrate auf dem Dach dürfen die statischen Lastreserven keinesfalls überschritten werden. Die Aufbringung mit sogenannten Big Bags (Kunststofftaschen mit 1,5 bis 2,5 Kubikmetern Rauminhalt) erfordert ebenfalls einen Kran. Alternativ können Substrate, die keine zu feine Körngröße haben, auch von einem Silofahrzeug auf das Dach geblasen werden.

Substratstärken für verschiedene Pflanzentypen

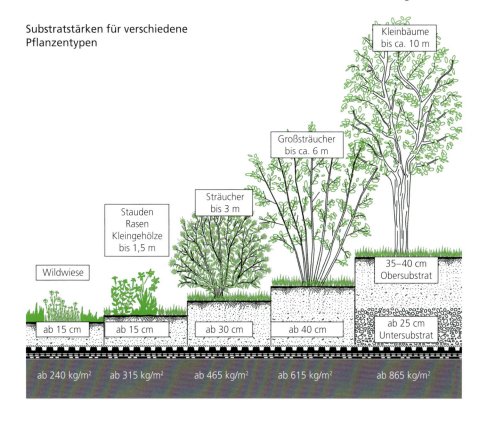

Auswahl der Pflanzen für Dachgärten

Die technischen Grundlagen haben für den Lebensraum Dach zweifellos besondere Bedeutung. Darüber hinaus aber sollte man nicht vergessen, dass für die Dachgartengestaltung letztendlich die Bepflanzung im Mittelpunkt steht. Sie ist es, die die Dachfläche in einen außergewöhnlichen Aufenthaltsort verwandelt und einen Mehrwert für Mensch, Umwelt und Gebäude darstellt. Walter Kolb und Tassilo Schwarz beschreiben in »Dachbegrünung intensiv und extensiv«, 1999 (s. »Weiterführende Literatur«, Seite 158), die Wahl der Pflanzen für Dachgärten als Zusammenspiel von Kriterien des Standorts, des Erlebens, der Funktion und der Pflege. Hinzu kommen die je nach Gründachsystemaufbau unterschiedlichen vegetationstechnischen Kriterien. Aufgabe des Gartenplaners ist es, die individuellen Wünsche des Bauherren für die Bepflanzung mit diesen Kriterien abzugleichen und, darauf aufbauend, einen stimmigen Bepflanzungsplan zu entwerfen. Dabei kann die Gestaltung des Dachgartens bestimmt sein von einem übergreifenden Leitmotiv oder von einem bunten Potpourri verschiedener Elemente. Häufig kommen gemischte Pflanzengesellschaften mit Stauden, Ziersträuchern, Rasen oder auch Bäumen zum Einsatz, um vernetzte, natürliche Strukturen zu schaffen. Für die konkrete Pflanzenwahl steht ein umfangreicher Katalog an Arten zur Verfügung, die sich besonders für den Dachstandort eignen (s. »Pflanzenlisten«, Seite 150ff.). Unter Berücksichtigung der jeweiligen Standortbedingungen kann man natürlich auch mit anderen Pflanzen experimentieren.

Einflüsse auf die Pflanzenauswahl

Standort

Bevor man die Pflanzen auswählt, muss man sich intensiv mit den bautechnischen und klimatischen Standortbedingungen auseinandersetzen. Zu den bautechnischen Rahmendaten gehören die statischen Lastreserven, die Dachneigung, die Gebäudehöhe, Aspekte der Entwässerung und die Größe der einzelnen Vegetationsflächen (vgl. »Bautechnische Grundlagen«, Seite 116). Wesentlich für die erfolgreiche Etablierung der Pflanzen sind aber auch die klimatischen Standortbedingungen wie Niederschlag, Temperatur, Wind und Licht. Es genügt jedoch nicht, die regionalen Klimakarten zu konsultieren. Das Dach ist aufgrund seiner exponierten Lage von einigen Sonderbedingungen geprägt, und auch die Umgebungsbebauung kann es mit sich bringen, dass sich das Mikroklima am Standort maßgeblich vom Regionalklima unterscheidet. So bildet sich in urbanen Ballungsräumen häufig ein besonderes »Stadtklima«, das im Vergleich zum Umland von höheren Temperaturen (städtische Wärmeinseln), milden und schneearmen Wintern und einer höheren Luftverschmutzung gekennzeichnet ist.

Erlebnis

Die Pflanzenlisten für Dachgärten bieten hinsichtlich Blütenfarben, Blätterformen, Wuchshöhen und Fruchtständen eine vielfältige Auswahl für die Umwandlung eines vormals tristen Flachdachs in einen abwechslungsreichen Ort, der immer wieder mit neuen optischen

Dachgärten in der Stadt sorgen für ein gutes Umgebungsklima.

Sträucher an den Dachrändern ergeben eine grüne Einfassung des Gebäudes.

Akzenten überrascht. Hier spiegeln sich die besonderen Vorlieben der Dachgartenbesitzer wider. Während manche eine Auswahl weniger prägnanter Pflanzenarten bevorzugen, kann es anderen gar nicht bunt genug sein. Wichtig ist, neben der Wirkung im Frühjahr, Sommer und Herbst auch die Winterruhe der Pflanzen in die Planung einzubeziehen, um für jede Jahreszeit ein attraktives Vegetationsbild zu erhalten. Ein weiteres gestalterisches Ziel ist die Schaffung von Sichtachsen und die Rahmung besonders schöner Aussichten mit Hilfe der gewählten Pflanzen, wobei immer auch das Blickfeld aus den angrenzenden Wohnbereichen einbezogen werden sollte. Außerdem lassen sich wenig schöne technische Dachaufbauten oder störende Eindrücke der Umgebungsbebauung durch ein entsprechendes Bepflanzungskonzept verbergen. Und natürlich wirkt sich die Pflanzenauswahl an den Dachrändern auch auf den Gesamteindruck des Gebäudes aus.

Funktion

Pflanzen sind über eine Vielzahl von Wechselbeziehungen mit ihrer Umwelt verbunden, die auch ihre wichtigen Natur- und Klimaschutzfunktionen ausmachen. So kann der Dachgarten bei entsprechender Pflanzenzusammenstellung zum Lebensraum für Schmetterlinge, Bienen und viele andere Insekten werden (vgl. »Dachgartenbiotop«, Seite 54). Vögel bevorzugen in der Regel mehrschichtige Vegetationsformen mit Sträuchern und kleinen Bäumen. Wer den Biotopcharakter des Dachgartens in den Vordergrund stellen möchte, sollte deshalb auf die Vielfalt der Lebensräume achten. Die Pflanzenauswahl beeinflusst zudem auch maßgeblich verschiedene Aspekte des Stadtklimas. So weisen verschiedene Pflanzengruppen sehr unterschiedliche Transpirationsraten auf, wodurch sich der Abkühlungseffekt auf die Umgebungsluft ändert. Gleiches gilt für die Ausfilterung von Luftschadstoffen; für sie spielen Blattdichte und Höhe der Bestände eine wichtige Rolle. Neben den ökologischen Funktionen übernimmt die Bepflanzung des Dachgartens natürlich auch praktische Aufgaben, die in direktem Bezug zur Aufenthaltsqualität der Dachgartennutzer stehen. Je nach Größe der Dachfläche können höher wachsende Stauden oder Sträucher zum Beispiel dazu eingesetzt werden, den Garten räumlich zu gliedern. Kletterpflanzen bieten in Kombination mit Holzgitterkonstruktionen oder Pergolen einen natürlichen Witterungs- und Sichtschutz. Und Rasenflächen laden zum Sonnenbaden, Grillen oder Spielen ein; auch Obst und Gemüse lassen sich auf dem eigenen Dach ziehen (vgl. »Schrebergartenidylle«, Seite 50).

Pflege

Um das Erscheinungsbild eines Dachgartens langfristig zu erhalten, sind in regelmäßigen Abständen Düngemaßnahmen, Bewässerung, Rück- und Flächenschnitte und auch die Entfernung von unerwünschtem Fremdbewuchs nötig (vgl. »Pflege«, Seite 134). Die Intensität dieser Maßnahmen kann je nach Vegetationsform und Pflanzenart sehr unterschiedlich sein, weshalb bereits bei der Auswahl geprüft werden sollte, welchen Zeitaufwand zukünftige Dachgartenbesitzer in den Bereich der Pflege investieren möchten und welche Hilfsmittel gegebenenfalls eingesetzt werden können. Über eine geschickte Pflanzenauswahl lässt sich auf natürliche Weise eine Reduzierung des Pflegeaufwandes erreichen; zum Beispiel durch die Verwendung von bodendeckenden Stauden, die schnell einen Flächenschluss erreichen und dadurch unerwünschtem Fremdanwuchs nur wenig Entfaltungsmöglichkeiten bieten.

Vegetationstechnik

Die Begrünungsart gibt in Verbindung mit den bautechnischen Grundlagen die Richtung für die Wahl des geeigneten Gründachsystemaufbaus vor. Es handelt sich bei den drei Standardvarianten (vgl. »Gründachsystemaufbauten«, Seite 122) jedoch nicht um starre Vorgaben, die keine Anpassungen an die lokalen Gegebenheiten erlauben. Variationen der Vegetationstragschicht (Substratdicke, Substratqualität), des Dränage-Elements (Wasserspeichervermögen, Stabilität) oder des Wasserhaushalts (Anstaubewässerung, Kombination mit Tröpfchenbewässerung) sind auch in der Lage, auf Standort- und Pflegeaspekte einzugehen und dadurch die Palette der Wunschpflanzen zu erweitern.

Leitmotive und Vegetationsformen

Die verschiedenen Einflüsse zeigen auch, wie eng die Pflanzenauswahl für Dachgärten mit der späteren Aufenthalts- und Nutzungsqualität verbunden ist. Um ein optimales Ergebnis zu erzielen, das den vielfältigen Wechselbeziehungen Rechnung trägt, ist Praxiswissen aus sehr unterschiedlichen Bereichen nötig. Für die Planung und Ausführung von Dachgärten sollten deshalb erfahrene Fachbetriebe der »grünen Branche« (Landschaftsarchitekten, Garten- und Landschaftsbaubetriebe) konsultiert werden, die um die Einschränkungen und besonderen Möglichkeiten des Dachstandortes wissen. Da Dachgärten in der Regel eher kleine Flächen haben, ist ein stimmiges Konzept besonders wichtig. Zu diesem gehört natürlich auch die Einbeziehung der Materialien für die Nutzflächen und der weiteren Ausstattungsgegenstände (Mobiliar, Sonnen- und Windschutz usw.). Die Vielfalt an Gestaltungstypen und Leitmotiven reicht von abwechslungsreichen Stauden- und Gräsergärten über Duft- und Gewürzgärten, Biotopgärten, Rosengärten, Bauerngärten und mediterranen Gärten bis zu weitläufigen Dachgartenlandschaften. Die im Projektteil vorgestellten Beispiele liefern dazu Inspiration und Anleitung.

Grundlage für die Auswahl der Pflanzen und die Leitmotive können Stauden und Gräser, Rasen, Sträucher und niedrige Bäume sein. In allen Gruppen gibt es Pflanzenarten, die von Natur aus Eigenschaften haben, die ihnen die Anpassung an die besonderen Gegebenheiten des Dachstandortes leicht machen. Das Spektrum an geeigneten Pflanzen kann durch zusätzliche Pflegemaßnahmen (Bewässerung, Düngung) oder Anpassungen des Gründachsystemaufbaus erweitert werden. Dennoch bleibt eine Reihe von Pflanzen, auf die man bei der Dachgartenplanung besser verzichten sollte.

Stauden, Gräser, Blumenzwiebeln

Das Handelssortiment ist für diese Gruppe sehr umfangreich und bietet ein breites Angebot an unterschiedlichen Formen, Größen und Farben. Von dieser Vielfalt sollte man sich aber nicht verführen lassen. Die teilweise extremen klimatischen Bedingungen auf dem Dach engen die Palette etwas ein. An Substrat bevorzugen die meisten Stauden einen relativ humosen Wurzelraum, Zwiebelpflanzen kommen auch mit mineralisch dominierten Substraten gut zurecht.

Für die Gestaltung der Beete sind Leit-, Begleit- und Füllpflanzen zu unterscheiden. Leitpflanzen werden in geringer Stückzahl eingesetzt, sie heben sich durch ihre besondere Wuchsform, Blattstruktur oder Blütenfarbe von der restlichen Bepflanzung ab. Neben imposanten Staudenarten (z. B. Oktober-Silberkerze) bieten sich Gräser

Staudenbeete bringen eine bunte Artenvielfalt auf das Dach.

an, die harmonisch im Wind schwingen und so das Vegetationsbild lebendiger machen. Die Begleitpflanzen bilden das Gerüst der Gestaltung. Um Akzente zu setzen, können sie in Dreier-, Fünfer-, Siebenergruppen oder in Reihen und Bändern angeordnet werden. Zwischen Leit- und Begleitpflanzen werden Füllpflanzen und Bodendecker in größerer Stückzahl gesetzt, wobei die Dichte einen gewissen Freiraum für die spätere Entfaltung der Pflanzen lassen sollte. Neben Bewässerung, Düngung und gelegentlichen Rückschnitten kann die Entfernung des Fremdanwuchses viel Arbeit machen. Um Zeit zu sparen, hat es deshalb Sinn, in den Beeten Arten mit ähnli-

Die Kombination von Gräsern und Bodendeckern braucht nur wenig Pflege.

chen Pflegeansprüchen zusammenzufassen. Damit sich die Pflanzen schnell und problemlos etablieren können, sollten sie bereits während der Anzucht auf den Standort Dach vorbereitet werden, unter anderem mit Abhärtungsperioden im Freiland, mäßiger Düngung und Anzuchtsubstraten, die in ihrer Zusammensetzung mit den späteren Dachgartensubstraten vergleichbar sind.

Rasen

Zier-, Gebrauchs-, Sport- und Landschaftsrasen – prinzipiell lassen sich alle diese Rasentypen auf dem Dach etablieren. Die Gruppen unterscheiden sich in Artenzusammensetzung, Substratansprüchen, Belastbarkeit und Pflegeintensität. Für einen Gebrauchs- und Spielrasen verwendet man besonders strapazierfähige Arten (z.B. Horstrotschwingel, Wiesenrispengras und Deutsches Weidelgras). Rasensubstrate sollten eine feine Körnung zur Grundlage haben, die sich auch bei Regen nicht entmischt; ihre Höhe beträgt im Normalfall mindestens 20 Zentimeter (Ausnahme s. »Gründachsystemaufbauten«, Seite 124). Im Unterschied zu den traditionellen Grassodendächern Skandinaviens ist ein Grasdach in unserem Klima aufgrund der notwendigen Substratstärken und Pflegemaßnahmen eindeutig der einfachen Intensivbegrünung oder Intensivbegrünung zuzuordnen. So gilt Rasen hinsichtlich der Wasserversorgung als sehr heikel, weil beispielsweise viele Grasarten keinen wirksamen Transpirationsschutz haben und sich so an heißen Tagen ein Wasserbedarf von bis zu 7 Litern pro Quadratmeter ergeben kann. Wenn in Trockenperioden die Wasserreserven im Substrat erschöpft sind, kann der Rasen innerhalb weniger Tage komplett ausbrennen. Auf der anderen Seite kann auch länger anhaltende Staunässe den Rasen ruinieren. Kontinuierliche, bedarfsgesteuerte Wasserversorgung ist deshalb das A und O der Rasenpflege. Zu den Pflegemaßnahmen gehören zudem regelmäßige Düngung und auf die Nutzung abgestimmte Rückschnitte. Für die Pflanzung eignen sich eine entsprechende Regel-Saatgut-Mischung Rasen (RSM) und Rollrasen, der auf einem schwach bis mittel humosen Sandboden angezogen wurde. Wer an Stelle eines Gebrauchsrasens lieber eine bunte Blütenwiese haben möchte, kann auch Kräuterrasen verwenden.

Sträucher und Bäume

Im Dachgarten ermöglichen Sträucher und niedrige Bäume mehrschichtige Formen und Raumbildung. Für die Wahl der Gehölze ist die Wuchshöhe am natürlichen Standort zu ebener Erde von ausschlaggebender Bedeutung; es hat keinen Sinn, Bäume aufs Dach zu pflanzen, wenn dort nicht ausreichender Wuchsraum für eine artgerechte Entwicklung zur Verfügung steht. Im Kapitel »Substrate für Dachbegrünung« (Seite 126) sind die Mindestsubstratstärken für Sträucher und Kleinbäume zusammengestellt.

Da sich der Einsatz von Gehölzen auf dem Dach in der Regel auf wenige Areale beschränkt, genügt oft die auf die entsprechende Stelle begrenzte Erhöhung der Substratstärken durch Anhügelung, Winkelsteine oder Pflanzentröge, um dem Wurzelwachstum ausreichend Platz zu bieten. Neben der Tiefe muss aber auch genügend Freiraum für das horizontale Wurzelwachstum gegeben sein; hier

Sonnen, Spielen und Entspannen – Rasenflächen bieten sehr vielfältige Nutzungsmöglichkeiten.

Bäume können zur Strukturierung der Dachgartenfläche eingesetzt werden.

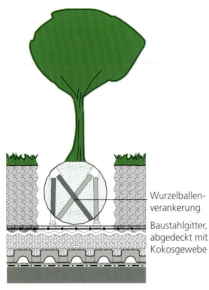

Mit Wurzelballenverankerungen lassen sich größere Gehölze zuverlässig gegen Windsog sichern.

Wurzelballenverankerung

Baustahlgitter, abgedeckt mit Kokosgewebe

sollte zumindest die halbe Endwuchshöhe des Gehölzes Berücksichtigung finden.

Für die räumliche Anordnung der Gehölze spielt die langfristige Entwicklung von deren Höhen- und Breitenwachstum eine wichtige Rolle. Ausreichende Abstände zu empfindlichen Bereichen wie Dachrändern, Entwässerungspunkten, Gehbelägen und Terrassenflächen sind ebenso zu berücksichtigen wie die Verschattung von Fensterfronten, das Freihalten der Sichtachsen und der Einfluss auf die Außenansicht des Gebäudes. Und natürlich müssen auch die unterschiedlichen Windsogkräfte auf dem Dach in die Planung Eingang finden. Denkt man an größere Gehölze, sollte unbedingt eine statische Bemessung erfolgen. Für die Verankerung von Gehölzen in windexponierten Bereichen stehen verschiedene technische Hilfsmaßnahmen zur Verfügung, die am Wurzelballen der Pflanzen ansetzen und das Wachstum nicht einschränken.

Ob für Dachgärten eher Laub- oder Nadelgehölze geeignet sind, lässt sich nicht pauschal sagen, denn eine große Rolle für die Beantwortung spielen die klimatischen Bedingungen am Standort und die Funktion, die die Gehölzpflanzung übernehmen soll. Immergrüne Nadelgehölze bieten im Unterschied zu sommergrünen Laubbäumen Sicht- und Windschutz das ganze Jahr über, sie haben auch hinsichtlich Frosthärte und Trockenheitsresistenz ihre Vorteile. Allerdings werden sie häufig als ästhetisch weniger attraktiv empfunden.

Zur Pflege von Sträuchern und Bäumen gehört neben Düngen und Wässern das Entfernen von unerwünschtem Fremdanwuchs und Laub- sowie Nadelstreu; gegebenenfalls sind auch Schnittarbeiten und Winterschutzmaßnahmen nötig. Wenn die Bepflanzung schnell einen eingewachsenen Eindruck vermitteln soll oder die Funktion als Wind- und Sichtschutz unmittelbar nach Fertigstellung des Dachgartens übernehmen soll, können größere, vorkultivierte Gehölze mit Ballen aus dem Baumschulhandel eingesetzt werden. Sollen sich die Pflanzen hingegen vor allem auf dem Dach etablieren und entwickeln, kann man, je nach Art, auch Container-, Topf- oder Wurzelware verwenden, die auf vorwiegend mineralisch geprägten Anzuchtsubstraten kultiviert wurde. Die Gestaltung sollte zwischen den einzelnen Pflanzen genügend Abstand belassen, da die meisten Gehölzarten lichtbedürftig sind und Verschattung nicht sehr gut vertragen.

Bambus

Das Pflanzen von Bambusarten auf dem Dach ohne entsprechende Vorsichtsmaßnahmen kann zu kapitalen Schäden an der Dachkonstruktion führen, weshalb dem imposanten, immergrünen Riesengras ein eigenes Unterkapitel gewidmet ist. Die Verwendung von Bambus in der Gartengestaltung boomt seit vielen Jahren. Mit seiner Exotik und den vielfältigen Wuchsformen und Farben bringt er Leichtigkeit und Bewegung in das Gesamtbild. Bambus kann als Einzelpflanze, Hain, Hecke oder Hintergrundpflanzung eingesetzt werden. Einige Arten vertragen sogar einen Formschnitt und lassen sich in einen immergrünen Sicht- und Windschutz verwandeln.

Allerdings benötigt Bambus ein spezielles Umgebungsklima und ausreichende Substrathöhen für sein Wurzelwerk. Probleme verursachen zum Beispiel Staunässe oder verdichtete Böden, aber auch fehlende Bewässerung in Trockenperioden kann schnell zu Schäden führen, denn Bambusbestände haben eine sehr hohe Verdunstungsrate. Standorte mit starker Sonnen- und Windexposition sind deshalb nicht geeignet, da sich der Wasservorrat im Substrat sehr schnell erschöpfen kann. Natürlich sollten in unseren Breiten nur Arten eingesetzt werden, die über entsprechende Frosthärte verfügen.

Ist der richtige Standort auf dem Dach gefunden, ist besonderes Augenmerk auf das Wurzel- und Rhizomwachstum zu legen. Hainbildende Bambusarten (leptomorphe Arten) können sehr harte, ausschweifende Rhizome bilden, denen auch Abdichtungsbahnen mit dem Zertifikat »Wurzel- und Rhizomfest gemäß FLL« (vgl. »Bautechnische Grundlagen«, Seite 117) nicht standhalten. Um Leckagen in der Dachabdichtung zu vermeiden und auch die anderen Pflanzbereiche vor Unterwanderung zu schützen, muss das Wurzel- und Rhizomwachstum daher mit technischen Hilfsmitteln in Zaum gehalten

Bevor die Bambusrhizome den Rand des Pflanzgefäßes überwachsen, müssen sie zurückgeschnitten werden.

werden. Dafür können zum Beispiel Edelstahlbehälter als unten und seitlich geschlossene Pflanzgefäße verwendet werden. Die Ränder der Behälter müssen außerdem einige Zentimeter über die Substratoberfläche ragen, um das Überwachsen der Kante kontrollieren zu können. Auch muss die Entwässerung in den Behältern so geregelt sein, dass keine Staunässe entstehen kann und die Rhizome über die Entwässerungsöffnungen nicht entweichen können. Horstig wachsende Bambusarten (pachymorphe Arten) sind weniger expansiv und bilden ein kompaktes Geflecht von kurzen, verdickten Rhizomen. Aber auch bei dieser Gruppe müssen Vorsichtsmaßnahmen getroffen werden, um eine Beschädigung der Abdichtung zu verhindern.

Einschränkungen der Pflanzenauswahl

Frost, Trockenheit, Strahlung, Wind und reduzierter Wurzelraum – alle diese Faktoren haben für die Wahl von Pflanzen auf Dächern eine wichtige Bedeutung.

Winterruhe und Frosthärte
Im Winter können sich niedrige Temperaturen auf dem Dach deutlich stärker als am Boden auswirken. Da das Dach dem Wind ausgesetzt ist und die schützende Schneeschicht häufig fehlt, verstärkt sich die Wirkung der Kälte auf die Bepflanzung, die Gefahr von Frostschäden nimmt zu. Hat das Substrat geringe Höhe, friert die Vegetationstragschicht schnell komplett durch. Wenn dann mit den ersten Sonnenstrahlen im Frühjahr die Lufttemperatur steigt und das Wasser im Wurzelraum noch gefroren ist, kann es zur sogenannten Frosttrocknis kommen. Für die Auswahl der Pflanzen sind deshalb Frosthärte und tiefe Winterruhe von großer Bedeutung.

Trockenheitsresistenz und Strahlungsfestigkeit
Bei freien Dachlagen muss aufgrund der Sonnen- und Windexposition mit einer potentiell höheren Verdunstung gerechnet werden. Arten, die auf gewachsenem Boden gut gedeihen, können auf dem Dach unter Trocken- und Hitzestress leiden. Die verschiedenen Möglichkeiten der Bewässerung können einen gewissen Ausgleich schaffen. Steht allerdings keine kontinuierliche Bewässerung zur Verfügung, sollte man auf Pflanzen zurückgreifen, die kürzere Trockenperioden unbeschadet überstehen können.

Windtoleranz
Welche Auswirkung der Wind auf die Bepflanzung haben kann, hängt sehr stark ab von der geographischen Lage, der Umgebungsbebauung und der Höhe des Gebäudes. Im Vorfeld der Begrünungsplanung sollte deshalb eine Analyse der Windexposition erstellt werden. Neben der Verstärkung der Temperatureffekte und der Steigerung der Verdunstungsrate kann die Windeinwirkung auch zu Schäden an den Pflanzen durch Windschur und Windabriss führen. Pflanzen mit großen empfindlichen Blättern oder windbruchanfällige Arten sind an gefährdeten Standorten deshalb nicht geeignet. Gesondert müssen auch die Windsogkräfte betrachtet werden, die für hochwachsende Pflanzen mit unzureichender Verankerung eine reale Gefahr darstellen.

Wurzeltyp
Der Wurzeltyp ist für die Auswahl der Pflanzen in zweifacher Hinsicht von großer Bedeutung. Einerseits sollten die zur Verfügung stehenden Substrathöhen gesundes Wurzelwachstum ermöglichen. Andrerseits gibt es Pflanzenarten, deren extrem aggressive Wurzeln und Rhizome auch wurzelfeste Abdichtungsbahnen schädigen können. Zu diesen Pflanzen gehören neben den bereits vorgestellten Bambusarten weitere Gräser (z.B. Schilf, Schlickgras), verschiedene Sträucher (z.B. Weiden, Feuerdorn) und Pioniergehölze (z.B. Robinien, Birken).

Pflege

Für die einen ist sie eine Quelle der aktiven Entspannung, für die anderen ein notwendiges Übel – die Gartenpflege. Dachgärten und Gärten am Boden unterscheiden sich in dieser Hinsicht nur wenig voneinander. Je nach Bepflanzung und gewünschtem Erscheinungsbild ist eine mehr oder weniger intensive Pflege notwendig. Einige besondere Pflegeaspekte gibt es für Dachgärten aufgrund ihrer exponierten Lage jedoch, über die man sich Gedanken machen sollte.

Da ist zum einen der reduzierte Wuchsraum mit seinen begrenzten Wasserspeicherkapazitäten; er bewirkt, dass die Vegetation in Trockenperioden schneller unter Wassermangel leidet, umso mehr, als durch den starken Sonnen- und Windeinfluss die Verdunstungsverluste auf dem Dach höher sein können als am Boden. Um dieses Problem in den Griff zu bekommen, stehen verschiedene technische Lösungen zur Verfügung, die eine kontinuierliche Wasserversorgung gewährleisten (vgl. »Dachgartenbewässerung«, Seite 136). Ebenfalls mit dem fehlenden Bodenanschluss der Vegetationstragschicht hängt die Düngung der Pflanzen zusammen. Man darf nicht nach der Devise »viel hilft viel« vorgehen, da sonst hohe Auswaschungsverluste drohen. Für die Unterstützung des Wachstums sollten stattdessen moderate, genau auf den Entwicklungszustand der Pflanzen abgestimmte Düngermengen zum Einsatz kommen. Da das überschüssige Regenwasser über die Dachabläufe direkt in die städtischen Kanäle gelangt, ist außerdem auf gute Umweltverträglichkeit der Dünge- und Pflanzenschutzmittel zu achten. Umstände kann auch die Entsorgung der Pflanzenabfälle und des Schnittgutes bereiten, wenn kein Abwurfschacht vorhanden ist und der Zugang zum Dachgarten nur über die angrenzenden Wohnbereiche führt. Befinden sich Teile der Pflanzfläche außerhalb des Geländers beziehungsweise der Attika, müssen für deren Pflege spezielle Absturzsicherungen vorhanden sein. Und natürlich muss im Rahmen der Gartenarbeiten und Pflegemaßnahmen sichergestellt sein, dass diese die unterhalb des Gründachsystemaufbaus liegende Dachkonstruktion nicht in Mitleidenschaft ziehen. Schließlich können auch die Dränage-Elemente und die Schutzlagen die Sicherheit der Abdichtung nicht garantieren, wenn ein scharfkantiger Spaten mit Wucht in das Dachgartensubstrat gerammt wird.

Alle Einschränkungen führen allerdings auch zu einem, wie sich später herausstellen wird, Vorteil – der besondere Standort bedingt, dass der komplette Garten, Gestaltung, Bepflanzung und Vegetationstechnik, im Voraus durchgeplant werden muss. Gartenplaner und Bauherr haben es in der Hand, unter Berücksichtigung der genannten Aspekte ein nutzerfreundliches Pflegekonzept zu entwickeln, das die Gartenarbeit nicht zur Last werden lässt. Hierzu gehört auch die Einplanung einer technischen Infrastruktur für eine Wasser- und Stromversorgung, die ausreichend dimensioniert ist und flexible Nutzungsmöglichkeiten bietet. Für die Entwicklung des Pflegeplans spielt es zudem eine große Rolle, ob die Dachgartennutzer die Gartenarbeiten nach Beendigung der Fertigstellungspflege in Eigenregie durchführen möchten oder lieber weiter auf den Sachverstand des Dachgärtnerbetriebs vertrauen.

Werden die Pflegearbeiten an Fachbetriebe des Garten- und Landschaftsbaus vergeben, ist es wichtig, dass sich Dachgartennutzer und Fachbetrieb zuerst über das gewünschte Erscheinungsbild verständigen. Im Anschluss daran können die hierfür nötigen Pflegemaßnahmen in einem Pflegevertrag festgehalten werden. Qualität und Quantität der Pflegemaßnahmen werden sich im Zuge der Entwicklung der Dachgartenvegetation ändern; entsprechend lassen sich die Pflegestufen unterscheiden:

Fertigstellungspflege
Die Fertigstellungspflege umfasst alle Maßnahmen, die für ein erfolgreiches Anwachsen der Bepflanzung auf dem Dach notwendig sind. Hierzu gehören zum Beispiel die Startbewässerung und die Ergänzung der Wasserreserven in den niederschlagsarmen Monaten, die bedarfsgerechte Düngung und die Nachbepflanzung von Fehlstellen sowie die Entfernung von Fremdanwuchs. Die Fertigstellungs-

pflege endet, sobald sich die Bepflanzung erfolgreich etabliert hat und der sogenannte abnahmefähige Zustand erreicht ist. Zu diesem Zeitpunkt erfolgt dann auch die Übergabe der Leistung an den Auftraggeber. Die Abnahmekriterien für die verschiedenen Begrünungsarten und Vegetationsformen (Stauden, Rasen, Gehölze) sind in der Dachbegrünungsrichtlinie der FLL (2008) und den verschieden DIN-Normen genau fixiert.

Unterhaltungspflege

Die Unterhaltungspflege erhält die Flächendeckung aufrecht und steuert langfristig die Vegetationsentwicklung. Wenn die ursprüngliche Vegetationsgestaltung bewahrt werden soll, müssen sich versamende Arten zum richtigen Zeitpunkt zurückgeschnitten werden; hierfür ist entsprechende Pflanzenkenntnis wichtig. Für Rasenflächen und Gehölze können zusätzliche Pflegemaßnahmen nötig werden (s. »Auswahl der Pflanzen für Dachgärten«, Seite 128). Die Pflegemaßnahmen entsprechen ansonsten denen der Fertigstellungspflege.

Wartungsarbeiten

Die jährliche Wartung der technischen Einrichtungen kann ebenfalls in Verbindung mit der Unterhaltungspflege erfolgen und in den Pflegevertrag aufgenommen werden. Hierzu gehört die Prüfung der Funktionsfähigkeit der Dachabläufe und der technischen Einrichtungen für Be- und Entwässerung, das Entfernen von Pflanzenbewuchs in Kiesstreifen und empfindlichen An- und Abschlussbereichen sowie die Prüfung der Standfestigkeit von Einfassungen, Oberflächenbefestigungen und sonstigen Bauteilen.

Wer nach Feierabend auf dem Dach nicht nur die Seele baumeln lassen will, sondern eine aktive Freizeitbeschäftigung an der frischen Luft sucht, der findet in seinem Dachgarten ein abwechslungsreiches Betätigungsfeld. In den künstlichen Stadtlebensräumen bietet es sich außerdem an, die Dachgartenarbeit zum Familienprojekt zu machen und so das Verständnis für die natürlichen Kreisläufe der nächsten Generation zu vermitteln.

Bäume müssen regelmäßig in Form geschnitten werden.

Dachgartenbewässerung

Der natürliche Niederschlag reicht in der Regel nicht aus, den Dachgarten während des gesamten Jahres mit Wasser zu versorgen. Selbst bei Intensivbegrünungen mit Substratstärken von > 50 Zentimetern, die nahezu das gesamte Regenwasser zurückhalten, kann es in niederschlagsarmen Perioden zu Wassermangelsituationen kommen, in denen die Vegetation in Mitleidenschaft gezogen wird. Auch sollte man sich stets vergegenwärtigen, dass der exponierte Dachstandort im Vergleich zum gewachsenen Boden eine deutlich höhere Verdunstungsrate aufweisen kann. Neben einer auf den jeweiligen Vegetationstyp abgestimmten Wasserversorgung sind bei der Bewässerungsplanung deshalb folgende Punkte zu berücksichtigen:

– Analyse der Standortbedingungen (Sonnen- und Windexposition, Lokalklima)
– Abstimmung des Bewässerungssystems auf die Dachneigung
– Identifizierung von Dachbereichen mit erhöhtem oder verringertem Niederschlagswasserzufluss (Stichwort »Regenschatten«)
– Berechnung des Wasserbedarfs in Abhängigkeit von der Bewässerungsmethode und der Bepflanzung
– Berücksichtigung der Wasserspeicherkapazität und Wasserleitfähigkeit der Substrate
– Komfortable Anordnung und ausreichende Dimensionierung der Wasserverteilstationen
– Zugänglichkeit der Vegetationsbereiche bei manueller Bewässerung
– Erhöhung der Speicherressourcen durch Zisternen

Für die Maßnahmen zur ergänzenden Wasserversorgung sind natürlich auch der Arbeitsaufwand, die Überbrückung von Abwesenheitszeiten und ein möglichst effizienter Einsatz der Wasserreserven von Bedeutung. Wer die Bewässerung gerne selbst in die Hand nimmt und während des Urlaubs auf Nachbarn, Freunde oder Verwandte mit einem »grünen Daumen« zählen kann, für den kommen die klassischen Verfahren mit Gießkanne, Schlauch und Regner infrage. Auf gefällelosen Dachflächen (sogenannten 0-Grad-Dächern) kann der zusätzliche Bewässerungsaufwand durch Anstaubewässerung bereits erheblich reduziert werden. Auf herkömmlichen Flachdächern mit 2 bis 5 Grad Dachneigung bieten sich Verfahren der Tröpfchenbewässerung an. Der höchste Komfort für den Nutzer ist mit vollautomatischen Beregnungsanlagen zu erreichen, die verschiedene Bewässerungssysteme miteinander kombinieren und unter Berücksichtigung der örtlichen Witterung und der Wasserspeicherung im Substrat ein vorgegebenes Wasserbudget ökonomisch verwalten.

Sprühdüsen und Regner

Sprühdüsen und Regner erleichtern die oberflächliche Bewässerung von Rasenflächen und Pflanzbeeten. Neben den klassischen Rasenregnern mit Gartenschlauchanschluss und gleichmäßiger Flächen-

Versenkregner

beregnung gibt es heute auch in diesem Segment Geräte, die Differenzierung erlauben. So lassen sich zum Beispiel Wurfweite und Sprühwinkel mobiler Flächenregner flexibel einstellen. Fest installierte Versenkregner mit unterirdischer Wasserzufuhr verschwinden nach getaner Arbeit wieder im Rasen und stellen beim Mähen kein Hindernis dar. Die Wasserausbringung auf der Oberfläche ist mit erhöhter Verdunstungsrate und Windanfälligkeit verbunden, weshalb die entsprechenden Systeme im Vergleich zu Verfahren der Unterflurbewässerung im Hinblick auf den Wasserbedarf generell etwas schlechter abschneiden.

Anstaubewässerung

Die Anstaubewässerung ist eine besonders effiziente Methode, auf der Fläche gefälleloser Dächer (0-Grad-Dächer) mehr Regenwasser zu speichern. Dabei wird der Dachablauf mit einem Anstauelement versehen, das in seiner Höhe auf den vorgesehenen Wasserpegel und die Höhe des Dränage-Elements abgestimmt ist. Eine Anstaukappe mit einer Höhe von 4 Zentimetern ermöglicht eine zusätzliche Wasserreserve von bis zu 25 Litern pro Quadratmeter. Dieses Wasser steht den Pflanzen über Kapillarität und Diffusionsprozesse als zusätzliche Reserve zur Verfügung.

Das Verfahren ist auf den ersten Blick verblüffend einfach und verursacht geringe Einrichtungs- und Unterhaltungskosten; man muss allerdings unbedingt berücksichtigen: Der Wasseranstau bedeutet eine zusätzliche Gewichtsbelastung für die Dachkonstruktion, was in die statischen Planungen aufgenommen werden muss (s. Seite 116); das Anstauelement sollte über einen Kontrollschacht leicht zugänglich und einfach zu entfernen sein, damit man vor Einsetzen des Winterfrostes den Wasservorrat vom Dach ablaufen lassen kann. Ist die Dachunterkonstruktion als Umkehrdach ausgeführt, ist ein flächiger Wasseranstau nicht möglich.

Tröpfchenbewässerung

Im Unterschied zur Anstaubewässerung ermöglicht die oberflächliche Tröpfchenbewässerung eine flexible, gezielte Wasserzufuhr in die einzelnen Vegetationsbereiche. Durch Tropfrohre wird das Wasser direkt im Nahfeld der Pflanze freigesetzt. Dadurch sind auch die Verdunstungsverluste im Vergleich zur Flächenberegnung mit Sprühdüsen und Regnern deutlich reduziert. Neben Pflanzbeeten mit komplettem Gründachsystemaufbau können auch isolierte Pflanzcontainer problemlos an das Tröpfchenbewässerungssystem angeschlossen werden. Zusätzlich zur Wasserversorgung kann über dieses System auch eine Düngerlösung aufgebracht werden. Häufig möchte man die Tropfschläuche aus ästhetischen Gründen im Substrat verlegen; auch verlängert die damit verbundene Abschirmung vor Temperaturextremen und UV-Strahlung deren Lebensdauer. Damit die Pflanzenwurzeln das Tropfsystem nicht verstopfen, müssen die Tropfrohre für eine unterirdische Verlegung geeignet sein, was mit einer Ummantelung der Schläuche mit Vlies möglich ist. Bei einer lokalen Ausbringung der Wassermengen ist die weitere Verteilung sehr stark von

Anstauelement

Dochtvlies

der Wasserleitfähigkeit der Dachgartensubstrate abhängig. Ist also eine vollflächige Verteilung erwünscht, bieten sich Kombinationen mit Dochtvlies oder textiler Bewässerungsmatte an.

Tröpfchenbewässerung in Kombination mit Dochtvlies
Die Tropfschläuche sind bei diesem Verfahren (vgl. »Gründachsystemaufbauten«, S. 124) in ein spezielles Dränage-Element eingeklipt. Da die profilierten Kunststoffelemente neben der Bevorratung der Wasserreserven auch deren horizontale Verteilung übernehmen, lässt sich die Anzahl der Tropfschläuche deutlich reduzieren, und die eingesetzte Wassermenge steht den Wurzeln komplett zur Verfügung. Die kapillare Weiterleitung des Wassers aus den Dränage-Elementen in die Vegetationstragschicht übernimmt ein Dochtvlies. Der Aufbau funktioniert sowohl auf 0-Grad-Dächern, geneigten Dachflächen bis zirka 5 Grad und auch auf einem Umkehrdach.

Tröpfchenbewässerung mit textiler Bewässerungsmatte
Für dieses Bewässerungssystem werden zunächst Tropfrohre mit integrierten, druckkompensierten Tropfern mit einem Spezialvlies ummantelt und dann in zwei weitere Vliesstoffschichten eingenäht. Die Tropfschläuche dienen lediglich zur Befüllung der textilen Bewässerungsmatte mit Wasser. Die vollflächige Bewässerung der Pflanzen erfolgt über die besondere Struktur dieses Vliesstoffes und die damit verbundene Kapillarwirkung. Durch den unterirdischen Einbau geht auch bei diesem System nahezu kein Wasser durch Verdunstung oder Winddrift verloren. So spart die textile Bewässerungsmatte gegenüber konventionellen Bewässerungssystemen bis zu 70 Prozent Wasser ein. Von Vorteil ist vor allem auch die geringe Aufbauhöhe.

Textile Bewässerungsmatte

Beregnungsanlagen für heterogene Pflanzbereiche

Hat ein Dachgarten sehr heterogene Bepflanzung mit unterschiedlichen Verdunstungsraten, empfiehlt sich eine automatische Beregnungsanlage, die unterschiedliche Bewässerungssysteme miteinander kombiniert und zentral steuert. Vegetationsbereiche mit vergleichbaren Wasserbedürfnissen werden dabei in sogenannten »Beregnungskreisen« zusammengefasst. Für diese Teilareale wird die jeweils geeignete Bewässerungsvariante ausgewählt, die aus Sprühdüsen, Regnern, Tröpfchen- oder Anstaubewässerung bestehen kann. Die Wasserzufuhr in die einzelnen Beregnungskreise ist dabei mit Elektromagnetventilen an die Hauptleitung angeschlossen und über ein zentrales Steuergerät individuell programmierbar. Beregnungsanlagen ermöglichen also eine auf die individuellen Bedürfnisse der Pflanzen abgestimmte Bewässerung. Zusätzliche Messfühler, zum Beispiel Regen-, Wind- und Bodenfeuchtesensoren, sorgen für die bestmögliche Abstimmung der Beregnungsanlage auf die aktuellen Witterungsbedingungen.

Terrassen- und Gehflächen

Terrassenbereiche und Gehwege sind der Schlüssel für die komfortable Nutzung des Dachgartens, und das Belagsmaterial ist ein wichtiges Gestaltungselement. Terrassen- und Gehwegplatten aus Naturstein oder Beton, Bodenfliesen aus Keramik oder Terrakotta, Dielen aus Naturholz oder Holzverbundstoffen – die Vielfalt der Materialien lässt hinsichtlich Farbe, Formen, Oberflächenstruktur und Verlegemuster keine Wünsche offen und erlaubt es, die Gestaltung individuell dem Leitmotiv des Dachgartens anzupassen. Wenn Dachterrassenbelag und Bodenbelag des angrenzenden Wohnraums im gleichen Stil gehalten werden, verschwinden die Grenzen zwischen Außen- und Innenbereich, der Dachgarten wird zum erweiterten Wohnzimmer. Die Wahl des Belags hat sich aber nicht nur an ästhetischen Gesichtspunkten und der vorgesehenen Nutzung zu orientieren, sondern muss auch die Besonderheiten des Dachstandortes einbeziehen. Dazu gehören Aspekte der Entwässerung, der Gewichtsbelastung, der Dauerhaftigkeit und der Pflege, die sich je nach Belagsmaterial, Bauweise und Verlegung unterschiedlich darstellen können.

Flächenbeläge in ungebundener Bauweise

Für Gärten zu ebener Erde gehört die Verlegung von Belägen auf Bettungs- und Tragschichten in ungebundener Bauweise zu den Standardverfahren. Für den Dachgarten hingegen bietet es sich an, die Tragschicht durch das Dränage-Element des Gründachaufbaus zu ersetzen. Dies hat Vorteile hinsichtlich der Gewichtsbelastung und gewährleistet außerdem eine durchgängige Flächendränage. Um die Lagestabilität zu gewährleisten, sollten Platten bei Verlegung in ein loses Beet ein Mindestformat von 50 mal 50 Zentimetern bei einer Dicke von mindestens 4 bis 5 Zentimetern aufweisen. Das darunterliegende Splittbett (Brechsand-Sand- oder Brechsand-Splitt-Gemisch) darf eine Aufbauhöhe von 3 Zentimetern nicht unterschreiten. Da unter Terrassen- und Gehbelägen im Unterschied zu den Vegetationsflächen keine Wasserspeicherung erfolgen soll, werden die Dränage-Elemente in diesen Bereichen mit den Diffusionsöffnungen nach unten verlegt und mit Splitt verfüllt. Das über die verfüllten Pflasterfugen eindringende Regenwasser kann so schnell zu den Entwässerungseinrichtungen geleitet werden. Je nach Niederschlagsmenge, Fugenbreite und Fugenfüllung wird ein gewisser Anteil des Niederschlagswassers aber auch oberflächlich abfließen. Die Entwässerungspunkte müssen deshalb so angeordnet und dimensioniert werden, dass sie das Niederschlagswasser aus der Belags- und der Dränage-Ebene sicher aufnehmen können. Hier kommt zusätzlich

Die Kombination von Vegetationsflächen und Gehbelägen ist für Dachgärten Standard.

die Dachneigung ins Spiel. Um das Oberflächenwasser in Richtung der Dachabläufe zu leiten, ist bei Pflasterbelägen ein Gefälle von mindestens 2 Prozent einzuhalten; bei der Verwendung von sickerfähigen Belägen kann es auf 1 Prozent reduziert werden. Das Gefälle muss aber bereits in der Abdichtungsebene vorhanden sein, da sich die Bettungsschicht wegen der Gefahr von ungleichen Setzungen nicht für die Gefällegebung eignet.

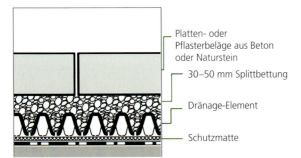

Aufbau eines Geh- und Terrassenbelags in ungebundener Bauweise

Zu den Vorteilen der ungebundenen Bauweise gehört die Fähigkeit, Temperaturschwankungen durch ungehinderte Ausdehnungs- und Schrumpfungsprozesse in der Belags- und Bettungsebene abzubauen. Diese Fähigkeit spielt angesichts der Temperaturextreme auf dem Dach eine bedeutende Rolle. Allerdings kann sich in den nicht verfestigten Fugen Vegetation ansiedeln, deren Entfernung höheren Pflegeaufwand mit sich bringt. Die Einsatzmöglichkeiten des Dränage-Elements beschränken sich aber nicht nur auf den Unterbau der Beläge und die Wasserabführung. Aufgrund seiner Druckstabilität kann es auch als sogenannte verlorene Schalung verwendet werden, auf der sich stabile Randeinfassungen zwischen den Vegetationsbereichen und Flächenbefestigungen aufbetonieren lassen, ohne die Flächendränage zu unterbrechen. Auch Trennprofile und Betonwinkelsteine können auf den Dränage-Elementen aufgestellt werden.

Flächenbeläge in gebundener Bauweise

Auch für Flächenbeläge in gebundener Bauweise kann das Dränage-Element die Tragschicht ersetzen. Das Pflasterbeet besteht bei dieser Variante aus Zementmörtel, auch die Fugen werden mit diesem Material verfüllt. Durch die Fixierung der Beläge können auch Kleinpflaster oder Keramikplatten mit Dicken von weniger als 5 Zentimetern eingesetzt werden. Zudem reduzieren die verfestigten Fugen den Pflegeaufwand.

Die gebundene Bauweise ist allerdings deutlich anfälliger für Beeinträchtigungen durch thermische Ausdehnungs- und Schrumpfungsprozesse. Um eine Lockerung der Platten und das Aufbrechen der Fugen zu verhindern, müssen deshalb mindestens alle 2 Meter entsprechende Dehnungsfugen eingeplant werden, die auch das Mörtelbeet durchbrechen und bis auf die Ebene des Dränage-Elements hinunterreichen.

Flächenbeläge auf Stelzlagern

Das Verlegen von Geh- und Terrassenbelägen auf sogenannten Stelzlagern bietet im Vergleich zu den gebundenen und ungebundenen Bauweisen einige Vorteile. So kann diese Verlegeart zum Beispiel auch auf Dächern ohne Gefälle eingesetzt werden, da das Oberflächenwasser über die Fugen des Belags schnell in den unterseitigen Hohlraum abgeführt wird. Auch bei Dachflächen mit geringer Lastreserve bieten sich Stelzlager an, da sich die Gewichtsbelastung, weil Trag- und Bettungsschichten fehlen, fast ausschließlich aus dem Belagsmaterial ergibt. Natürlich lassen sich die Stelzlager nicht nur mit Platten- und Holzbelägen kombinieren, sie bieten auch Terrassenrinnen und Rosten eine solide Basis.

Stelzlager decken mit ihren Stützhöhen einen Bereich zwischen 1 Zentimeter und mehr als 40 Zentimetern ab. So lassen sich Höhendifferenzen der Dachunterkonstruktion bei Bedarf nivellieren oder auch unterschiedliche Plateaus schaffen. Der Hohlraum unter den Belägen bietet neben einer Einstaureserve für überschüssiges Wasser die Möglichkeit, Versorgungsleitungen aller Art (Strom, Wasser) sicher und nicht sichtbar zu verlegen. Durch den Abstand zur Dachunterkonstruktion liegen die Beläge im Trockenen und sind gut hinterlüftet, was ihre Haltbarkeit erhöht. Auch ist der Pflegeaufwand gering, da sich in den freien Fugenquerschnitten keine Pflanzen ansiedeln können.

Aufbau eines Geh- und Terrassenbelags auf Stelzlagern

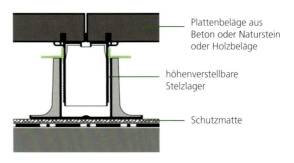

Wetter- und Sichtschutz

Die besondere Wetterexposition von Dachgärten kann sich positiv wie auch negativ auf die Aufenthaltsqualität auswirken. Während die auf Dächern häufige leichte Brise im Sommer für angenehme Luftzirkulation sorgt, kann zu starker Windzug auf der Dachterrasse auch sehr unangenehm sein. Dies gilt in ähnlicher Weise auch für die Sonneneinstrahlung. Die Sommerzeit lässt sich auf dem Dach bestens genießen, wenn zum Schutz vor praller Sonne auch schattige Plätze vorhanden sind. Um den Dachgarten lange Zeit im Jahr komfortabel nutzen zu können, ohne der Witterung schutzlos ausgeliefert zu sein, müssen entsprechende Vorkehrungen getroffen werden.

In seiner einfachsten Form besteht der Wetterschutz aus einem Sonnenschirm, den man nach Bedarf aufstellen kann. Sind die bevorzugten Aufenthaltsbereiche fest eingerichtet und entsprechend möbliert, hat es auf jeden Fall Sinn, sich über konstruktive Wetterschutzmaßnahmen Gedanken zu machen. Für Terrassenüberdachungen stehen dabei verschiedene Möglichkeiten zur Verfügung, die sich in Technik, Flexibilität und Nutzerkomfort deutlich unterscheiden. Hierzu gehören zum Beispiel Markisen und Sonnensegel, die an aufgehenden Bauteilen fixiert werden können. In Kombination mit Sonnen- oder Windwächtern passen sie die Wetterexposition automatisch an die Witterungsbedingungen an.

Etwas weniger flexibel ist die Terrassenüberdachung mit Glas- oder Kunststoff-Stegplatten auf einer Holz- oder Metallunterkonstruktion, doch kann der damit verbundene Schutz des Türaustritts vor Schlagregen und Spritzwasser wichtig für den barrierefreien Übergang vom Wohn- in den Dachgartenbereich sein (s. Seite 119). Wenn sich der Dachgarten auf der obersten Geschossebene befindet und eine entsprechende Größe hat, kann man auch über ein geschlossenes Dachstudio mit Panoramaverglasung nachdenken (s. »München – Skyline-Blick«, Seite 80). So lassen sich das grüne Umfeld und die Aussicht völlig unabhängig von der Witterung genießen.

Für die Planung der Windschutzmaßnahmen ist eine Analyse der örtlichen Windsituation unter Berücksichtigung der Umgebungsbebauung nötig. Das Aussehen der Windschutzelemente lässt sich dabei auf das Leitthema der Dachgartengestaltung abstimmen. Zu den gängigen Materialien gehören Holz, Aluminium, Glas, Markisenstoffe und Bambus. Natürlich kann auch die Dachgartenvegetation die Funktion des Wetterschutzes übernehmen, zum Beispiel in Form von Hecken, niedrigen Gehölzen oder Kletter- und Rankpflanzen, die ihre Trägerkonstruktionen (Gitter, Bögen, Pergolen) mit der Zeit überwachsen. Je nach Pflanzenart (sommergrün oder immergrün) beschränkt sich der Wetterschutz auf die Vegetationsperiode oder ist das ganze Jahr über gewährleistet. Man muss allerdings berücksichtigen, dass die Pflanzen in der Regel einen gewissen Zeitraum zum Wachsen benötigen, bevor sie ihre Funktion optimal erfüllen können. Wichtig ist, dass alle Konstruktionen für den Wetterschutz absolut windsogsicher verankert sind. Bereits bei der Ausführung der Dachkonstruktion müssen deshalb die entsprechenden Fundamente konstruktiv vorbereitet und abgedichtet werden. Als Alternative kann eine dachdurchdringungsfreie Fixierung erfolgen, wenn die Dränage-Elemente als »verlorene Schalung« eingesetzt werden.

Zwischen Wetter- und Sichtschutz bestehen sehr enge Verbindungen. So eignet sich die Terrassenüberdachung dafür, den Einblick aus höher liegenden Wohneinheiten abzuschirmen, und auch vertikale Windschutzmaßnahmen können zur Sicherung der Privatsphäre eingesetzt werden. Da die Windschutzelemente aber gleichzeitig starken Einfluss auf die Sichtachsen haben können, muss bei der Platzierung ein entsprechender Kompromiss gefunden werden.

Die teilverglaste Pergola mit Sonnensegel schafft ein angenehmes Klima auf der Dachterrasse und erlaubt zugleich den Ausblick in die Landschaft.

Raumgliederung und Blickachsen

Die Grundzüge der räumlichen Dachgartengliederung werden im Wesentlichen durch individuelle Nutzungswünsche und bautechnische Rahmenbedingungen festgelegt. Prinzipiell lassen sich auf dem Dach die unterschiedlichsten Wohnideen verwirklichen, von geschützten Ruheplätzen, die hauptsächlich der Entspannung dienen, bis hin zu offenen Raumkonzepten mit großzügigen Sitz- und Essbereichen, die sich auch für Familienfeste und Partys eignen. Wenn das Dachgartengrundstück entsprechende Größe hat, steht einer Kombination verschiedener Nutzungsvarianten nichts entgegen. Aber auch auf knapp bemessenen Dachgrundstücken lassen sich durch geschickte Raumunterteilung und Abgrenzung unterschiedliche Erlebnis- und Entfaltungsräume schaffen, die den Wünschen der Bewohner nach Entspannung, Privatsphäre oder Aktivität gleichermaßen gerecht werden. Es mag im ersten Moment paradox klingen, aber kleinflächige Dachgärten erscheinen nach einer Untergliederung häufig größer und vielfältiger. Voraussetzung ist allerdings, dass die Raumunterteilung nicht zu einer Isolation der einzelnen abgegrenzten Bereiche führt, sondern ein vernetztes, dynamisches Raumgefüge ergibt.

Pflanzen lassen sich als wegleitende
und raumbildende Elemente einsetzen.

Als Elemente der Raumunterteilung können Trennwände aus Mauerwerk, Metall, Glas, Holz oder Stein eingesetzt werden. Auch natürliche Varianten stehen in Form von bepflanzten Rankgittern und Laubengängen, größeren Pflanzgefäßen sowie Hecken oder niedrigen Bäumen zur Verfügung. Dass Trennwände bei entsprechender Höhe auch Funktionen des Wetter- und Sichtschutzes wahrnehmen können, sollte bei der Raumplanung berücksichtigt werden, um Synergieeffekte zu erzielen. Wichtiger Bestandteil des Raumkonzepts ist auch eine an die Nutzungs- und Gestaltungswünsche angepasste technische Infrastruktur mit Wasserzuleitungen, Stromanschlüssen und Beleuchtung.

Die Bedeutung des Panoramablicks für die besondere Dachgartenatmosphäre wurde bereits mehrmals angesprochen. Und auch die Sichtachsen können den Dachgarten bei entsprechender Orientierung und Ausgestaltung größer und weitläufiger erscheinen lassen. Ihre Fixierung und Integration in die Raumplanung macht sich deshalb in vielfacher Hinsicht bezahlt.

Wenn der Dachgarten direkt mit einem angrenzenden Wohnbereich verbunden ist, sollten beide gestalterisch aufeinander abgestimmt werden. Die Dachgartenvegetation im Sichtfeld des Wohnbereichs verdient dabei besondere Beachtung. Hier sollte neben den Blühaspekten auch der jahreszeitliche Vegetationsrhythmus beachtet werden, um von Januar bis Dezember ein schönes Pflanzenbild zu erhalten. Auch die Sichtachsen des Dachgartens können sich über großzügige Fensterfronten in den Wohnbereich fortsetzen, sodass man auch bei schlechtem Wetter den Blick in die Ferne schweifen lassen kann. In den Abend- und Nachtstunden hebt eine effektvolle Beleuchtung einzelne Bereiche des Gartens hervor. Weitere Formen der gestalterischen Verknüpfung der Innen- und Außenbereiche können mit entsprechend abgestimmter Auswahl von Bodenbelägen und Wandfarben erzielt werden.

Die Suche nach dem besten Aussichtsplatz spielt bei der Raumplanung eine wichtige Rolle.

Mit indirekter Beleuchtung lassen sich Pflanzen nachts effektvoll inszenieren.

Wasserelemente

Wasserelemente bringen Leben, Atmosphäre und Wohlgefühl in den Dachgarten. Schon eine einfache Vogeltränke lässt die gefiederten Freunde gerne einen Zwischenstopp auf dem Dach einlegen, um sich ungestört zu putzen und das kühle Nass zu genießen. Mit einem naturnahen Gartenteich (s. »Wasserlandschaft mit Rundumblick«, Seite 10) kann man die Zahl dieser Besucher deutlich erhöhen, und auch Wasserläufer, Schwimmkäfer und Libellen finden darin Lebensraum auf dem Dach. Voraussetzung hierfür ist eine ausreichende Wassertiefe des Teichbiotops, die auf den exponierten Dachflächen wegen der hohen Verdunstungsrate ruhig etwas großzügiger bemessen sein sollte.

Neben der Naturschutzfunktion kann das Element Wasser auch speziell dem Wohlbefinden der Menschen im Dachgarten dienen. Ob als Springbrunnen, Fontäne, Wasserwand oder in Kombination mit Kunstobjekten – bewegtes Wasser ist von ganz besonderer Ästhetik und ein wirkungsvoller Blickfang. Aber auch offene, stehende Wasserflächen sorgen mit Lichtreflexionen und Wolkenspiegelungen für ein Highlight und bewirken zugleich eine angenehme Anfeuchtung und Abkühlung der Umgebungsluft. Eine Aura von Exklusivität bieten Whirl- und Swimmingpools auf Dächern. Das Gefühl, das sich einstellt, wenn man den Arbeitstag mit einem erfrischenden Bad über den Dächern der Stadt ausklingen lässt, ist absolut einmalig. Allerdings hat die Installation von Pools auch besondere Ansprüche an die Statik. So muss bei einer Wassertiefe von 1 Meter immerhin ein Zusatzgewicht von 1000 Kilogramm pro Quadratmeter einberechnet werden. Hinzu kommen das Gewicht des Wasserbehältnisses und der Personen. Aus Sicherheitsgründen sollten alle Wasserelemente stets oberhalb der Dränageschicht angeordnet werden und eine separate Abdichtung erhalten. Im Falle einer Undichtigkeit verhindern diese Vorsichtsmaßnahmen, dass entweichendes Wasser über die normale Dachentwässerung abläuft und Schäden an Dachkonstruktion und in darunterliegenden Räumen anrichtet.

Wellness auf hohem Niveau: entspannen, genießen und den Alltag vergessen

Oben Die Komposition aus Holzdeck, Wasserfläche und Pflanzkübel folgt einem klaren geometrischen Entwurf.

Rechts Kunstobjekte lassen sich mit Wasserflächen wirkungsvoll inszenieren.

Dachgartengestaltung

Zum Abschluss wollen wir uns noch kurz mit der Frage beschäftigen, was gute (Dach-)Gartengestaltung auszeichnet. Im Mittelpunkt aller Überlegungen steht natürlich der Gartenbewohner mit seinen Wünschen, Vorstellungen und Ideen zur Nutzung des Grundstücks. Mindestens ebenso wichtig ist das ästhetische Erscheinungsbild, das Erlebnisräume bietet, die für Entspannung oder auch Anregung von Geist, Körper und Seele sorgen. Und zu guter Letzt muss die Gestaltung auch dauerhaft sein, das heißt in Planung und Ausführung den aktuellen Standards folgen, unter Verwendung hochwertiger Materialien. In diesen Punkten, die sich aus den klassischen Prinzipien des römischen Architekturtheoretikers Vitruv ableiten lassen (Nützlichkeit, Emotion und Schönheit, Festigkeit), unterscheidet sich die Gartengestaltung auf dem Dach nicht grundsätzlich von der zu ebener Erde. Was also sind die besonderen Kriterien, die eine gute Dachgartengestaltung ausmachen?

Dachgärten bieten viel Freiraum für außergewöhnliche Gestaltungsideen.

Das ist zum einen der starke Bezug des Dachgartens zum darunterliegenden Gebäude, welches nicht nur das Fundament des Gartens liefert, sondern gleichsam auch seine äußeren Grenzen absteckt. Damit das Korsett der bautechnischen Rahmenbedingungen die Gestaltungskreativität nicht zu sehr einschränkt, müssen Gartenplaner und Architekt bereits in der Entwurfsphase des Gebäudes eng zusammenarbeiten und Fachinformationen austauschen. Die Dachgartengestaltung ist somit eine Aufgabe für Generalisten beider Branchen, die bereit sind, über den Tellerrand ihrer eigenen Disziplin hinauszuschauen und gemeinsam ein Gestaltungskonzept zu entwickeln, das das Potential des Dachstandortes voll zur Geltung bringt.

Und da ist zum anderen die exponierte Lage der Gärten über den Dächern der Stadt. Eine gute Gartengestaltung sollte immer auch den Geist des Ortes, den Genius loci, widerspiegeln. Wer dieses Prinzip beherzigt, dem werden sich beim Blick vom Dach schnell besondere Leitmotive für die Gestaltung bieten. Hierzu gehören zum Beispiel die einzigartige Aussicht in die Landschaft der Umgebung und die räumliche Distanz zu Lärm, Betriebsamkeit und Hektik der Straße.

Auch der besondere individuelle Stil, der sich bei Dachgartengestaltungen verwirklichen lässt, ist der exponierten Lage geschuldet. Während bei Gärten am Boden häufig ein gewisser Druck vorhanden ist, die Gartengestaltung an die Nachbargärten anzupassen, lassen sich auf dem Dach auch ausgefallene Ideen ungestört verwirklichen. Frei nach dem Leitmotiv »The sky is the limit«.

Extensive Dachbegrünung

Die Dächer von Garagen, Carports und Gartenhäusern lassen sich mit extensiver Begrünung in einen ökologisch wertvollen Lebensraum für Pflanzen und Insekten verwandeln. Grundvoraussetzung ist, dass die Statik der Dachkonstruktion ein Zusatzgewicht von mindestens 60 Kilogramm pro Quadratmeter erlaubt (vgl. »Begrünungsarten«, Seite 114). Ist dies der Fall, kann man in die weiteren Planungen einsteigen. Das Kapitel »Bautechnische Grundlagen« fasst die wesentlichen Kriterien für die Dachkonstruktion zusammen, wobei sich für Extensivbegrünungen hinsichtlich statischer Belastbarkeit, wurzelfester Dachabdichtung, Absturzsicherung, Brandsicherheit und Baugenehmigung zum Teil besondere Spezifikationen ergeben. Details hierzu finden sich in den jeweiligen Regelwerken, Normen, Richtlinien und Planungshilfen (s. »Weiterführende Literatur«, Seite 158). Bei Flachdächern mit einer Dachneigung von < 5 Grad ist besonderes Augenmerk auf die Entwässerung zu legen, da die Pflanzengesellschaften der Extensivbegrünung sehr empfindlich auf Staunässe reagieren. Auf Pult- und Schrägdächern müssen ab einer bestimmten Dachneigung außerdem technische Vorkehrungen zur Aufnahme von Schubkräften und zur Vermeidung von Erosion vorgesehen werden.

Auch für Extensivbegrünungen bietet sich der dreischichtige Regelaufbau mit Dränageschicht, Filterschicht und Vegetationstragschicht an. Im Unterschied zu Dachgärten möchte man hier allerdings einen Naturraum schaffen, der sich weitestgehend selbst erhält und nur sehr reduzierten Pflegeaufwand fordert. Der Wasser-, Luft- und Nährstoffhaushalt ist bei dieser Begrünungsart deshalb auf eine anspruchslose Vegetation abgestimmt, die nach der Anwuchsphase auch längere Trockenzeiten schadlos übersteht, extreme Kälte aushält und nur sporadisch bedarfsgerechte Düngung benötigt. Zu den Überlebenskünstlern, die mit diesen besonderen

Extensivbegrünungen lassen sich mit Solarthermie- und Photovoltaikanlagen kombinieren.

Kartäusernelke und Mauerpfeffer harmonieren gut miteinander.

Bedingungen gut zurechtkommen, gehören zahlreiche Vertreter der Mauerpfeffer- *(Sedum)* und Dachwurzarten *(Sempervivum)*, die in ihrem Blattgewebe größere Wassermengen speichern können, stressresistent und regenerationsfähig sind. Aber auch verschiedene Nelken- und Steinbrecharten, Korbblütler, Trockengräser und wärmeliebende Küchenkräuter (Thymian, Dost und Schnittlauch) sind geeignet. Trotz der eingeschränkten Auswahl lassen sich bunte Pflanzengemeinschaften zusammenstellen, die von Frühjahr bis Herbst mit abwechslungsreichen Farb- und Blütenmustern überraschen.

Eine besonders interessante Möglichkeit, den ökologischen Wert von Extensivbegrünungen zu erhöhen, bietet der Bereich der Artenvielfalt (Biodiversität), für die man mit einfachen Mitteln sehr viel erreichen kann. Ein erster Schritt besteht zum Beispiel darin, für die Bepflanzung Arten der heimischen Flora zu berücksichtigen, die sich auf den mineralisch geprägten Dachbegrünungssubstraten kultivieren lassen. Die Modulation der Substratoberfläche mit kleinen Anhügelungen schafft zusätzliche Lebensräume für verschiedene Pflanzen- und Insektenarten. Komplettiert wird der Biotopcharakter durch das Einbringen von Totholz und kleinflächigen Kiesarealen.

Zu den besonderen Vorzügen der Extensivbegrünung gehört, dass sie nur geringen Aufwand an Pflege fordert. Dennoch empfiehlt es sich, mit dem Ausführungsbetrieb für den Zeitraum bis zum erfolgreichen Anwachsen der Vegetation eine Fertigstellungspflege zu vereinbaren (s. »Pflege«, Seite 134); danach reduziert sich der Pflegeaufwand dann auf ein bis zwei Wartungsgänge pro Jahr. Wenn die Blühwilligkeit der Dachbegrünung nach einigen Jahren etwas nachlässt, kann ein Langzeit-Volldünger die Nährstoffversorgung auffrischen. Aber Vorsicht: Ist die Dosierung zu hoch, können sich nährstoffliebende Unkräuter und Fremdbewuchs breitmachen, die auf mageren Dachstandorten normalerweise zu konkurrenzschwach sind. Ausgebracht werden die Pflanzen als Saatgut, Sprossenmaterial *(Sedum-*Arten), Flachballenpflanzen oder durch vorkultivierte Vegetationsmatten, falls sofort eine komplette Pflanzendeckung gewünscht ist. Beste Pflanzzeit sind das Frühjahr, April bis Juni, oder der Spätsommer, September. Bei Pflegearbeiten auf Dächern mit einer Absturzhöhe von mehr als 3 Metern müssen Absturzsicherungsmaßnahmen getroffen werden, damit die Pflege auch in den Dachrandzonen keine Gefahr bedeutet.

Neben der Schaffung neuer Lebensräume für Pflanzen und Tiere haben Extensivbegrünungen weitere ökologische und ökonomische Vorteile: Trotz der vergleichsweise geringen Substratstärken können sie 40 bis 60 Prozent des Niederschlagswassers zurückhalten und verdunsten lassen. Der damit verbundene Abkühlungseffekt wirkt sich positiv auf das Umgebungsklima aus. Als grüner »Pelz« verbessern sie die Energiebilanz eines Gebäudes und schützen die Dachabdichtung vor extremen Witterungseinflüssen. Und natürlich überzeugen extensiv begrünte Dächer auch mit ihrer natürlichen Schönheit und verbessern so das Stadt- und Landschaftsbild. Man sollte die Bedeutung dieser einfachen und kostengünstigen Begrünungsvariante für Umwelt, Gebäude und Mensch deshalb keinesfalls unterschätzen.

Wenn das Totholz mit Bohrlöchern versehen wird, kann es als Nisthilfe für Insekten dienen.

Pflanzenlisten

Pflanzenliste Einfache Intensivbegrünung

Botanischer Name	Deutscher Name	Höhe (cm)	Blatt*	Blütenfarbe	Blütezeit (Monate)	Standort**
Calamintha nepeta subsp. Nepeta	Kleinblütige Bergminze	40–50	sg	violett	7–9	○
Euphorbia myrsinithes	Walzen-Wolfsmilch	15–25	ig	gelb	5–7	○
Inula ensifolia	Schwertalant	26–30		goldgelb	7–8	○
Pulsatilla vulgaris	Gewöhnliche Küchenschelle	15–25	sg	violett	3–4	○
Sedum spectabile 'Herbstfreude'	Große Pracht-Fetthenne	50–60	sg	rostrot	9–10	○
Stipa calamagrostis 'Lemperg'	Goldährengras	60–70	wg	–	–	○
Pennisetum alopecuroides 'Hameln'	Lampenputzergras	40–60	sg	blass-braun	7–8	○
Festuca amethystina	Amethyst-Schwingel	30–40	wg	–	–	○
Hyssopus officinalis	Ysop	30–45	ig	blau	6–9	○
Lavandula angustifolia	Echter Lavendel	40–60	ig	violett	6–7	○
Santolina chamaecyparissus	Zypressenkraut	15–40	ig	gelb	7–8	○
Anaphalis triplinervis 'Sommerschnee'	Perlpfötchen	20–25	sg	weiß	7–9	○
Armeria maritima in Sorten	Grasnelke	15–25	wg	rosa	5–6	○
Chamaelum nobile 'Plena'	Gefüllte Scheinkamille	20–25	wg	weiß	6–8	○
Fragaria vesca var. vesca	Wald-Erdbeere	20–25	wg	weiß	4–6	○–◐
Geranium dalmaticum	Dalmatiner Storchschnabel	8–10		zartrosa	6–7	○
Geranium sanguineum	Blut-Storchschnabel	15–25		dunkelrosa	6–8	○
Hypericum polyphyllum	Vielblättriges Johanniskraut	10–15	wg	gelb	6–7	○
Nepeta x faasenii	Katzenminze	25–30	sg	violett	6–9	○
Oenothera missouriensis	Missouri-Nachtkerze	20–25	sg	hell-gelb	6–9	○
Origanum vulgare 'Compactum'	Kompakter Dost	15–20	wg	hell-rosa	7–9	○
Teucrium chamaedrys	Edel-Gamander	20–25	sg	rosa	7–8	○

Zusätzlich mögliche Pflanzen:

Botanischer Name	Deutscher Name	Höhe (cm)	Blatt*	Blütenfarbe	Blütezeit (Monate)	Standort**
Iris Barbata-Media in Sorten	Mittelhohe Bart-Iris in Sorten	40–70	ig	weiß, gelb, violett	4–5	○
Allium christophii	Sternkugel-Lauch	30–40		violett	6–7	○
Allium karataviense	Blauzungen-Lauch	20–30		gräulich-weiß	5–6	○
Crocus tommasinianus	Dalmatiner Krokus	8–10		violett	2–3	○
Bergenia cordifolia in Sorten	Bergenie	25–40	wg	rosa	4–5	◐
Carex montana	Berg-Segge	15–20	sg	–	–	○–◐
Carex ornithopoda 'Variegata'	Weißgestreifte Vogelfuß-Segge	20–25	sg	–	–	◐
Festuca gautieri 'Pic Carlit'	Bärenfell-Schwingel	10–15	ig	–	–	○–◐
Luzula nivea	Schnee-Hainsimse	35–40	wg	weiß	6–8	◐–●
Azorella trifurcata	Andenpolster	5–8	ig	gelb	5–6	◐
Buglossoides purpurocaerulea	Purpurblauer Steinsame	30–35	sg	blau	4–6	◐
Duchesnea indica	Steinerdbeere	10–12	sg	gelb	5–7	○–◐
Geranium macrorrhizum 'Spessart'	Felsen-Storchschnabel	20–25	wg	rosa	5–7	○–◐
Matricaria caucasica	Kaukasische Scheinkamille	10–15	wg	weiß/gelb	5–7	○–◐
Phuopsis stylosa 'Purpurea'	Scheinwaldmeister	20–30	sg	rosa	6–8	○–◐
Polypodium vulgare	Gewöhnlicher Tüpfelfarn	20–40	wg	–	–	◐–●
Waldsteinia ternata	Teppich-Waldsteinie	10–15	wg	gelb	4–6	○–◐

* Blatt: sg = sommergrün; wg = wintergrün; ig = immergrün
** Standort: ○ = vollsonnig; ◐ = absonnig–halbschattig; ● = schattig

Pflanzenlisten Intensiv – Gehölze

ab 20 cm Dachgartensubstrat

Botanischer Name	Deutscher Name	Höhe (cm)	Blatt*	Blütenfarbe	Blütezeit (Monate)	Standort**
Cotoneaster adpressus	Zwergmispel	30	sg	rosa	6	○–◐
Cotoneaster dammeri z.B. 'Streibs Findling'	Zwergmispel	10–15	ig	weiß/rötlich	5	○–◐
Cotoneaster microphyllus	Zwergmistel	40	ig	weiß	5–6	○–◐
Cytisus decumbens	Zwergginster	10–15	sg	gelb	4–5	○
Cytisus kewensis	Elfenbeinginster	20	sg	gelb	5	○
Euonymus fortunei 'Gracilis'	Spindelstrauch	20	ig	unbedeutend	–	○–◐–●
Genista lydia	Balkanginster	50	sg	gelb	5–6	○
Juniperus communis	Teppichwacholder	20	Nadel	unbedeutend	–	○–◐
Juniperus horizontalis	Kriechwacholder	20	Nadel	unbedeutend	–	○
Juniperus sabina 'Femina'	Sadebaum	40	Nadel	unbedeutend	–	○–◐
Pachysandra terminalis	Ysander	15–20	ig	weiß	4	◐–●
Pinus mugo 'Pumilio'	Zwerglatschenkiefer	80	Nadel	unbedeutend	–	○
Rosen zur Flächenbegrünung	–	30–50	sg	rot/rosa/gelb/weiß	5–6	○
Spiraea japonica	Japanische Spiere	40	sg	rosa	7–9	○–◐

ab 30 cm Dachgartensubstrat

Botanischer Name	Deutscher Name	Höhe (cm)	Blatt *	Blütenfarbe	Blütezeit (Monate)	Standort**
Berberis thunbergii	Berberitze	100–150	sg	gelb	5	○–◐
Berberis verrucandii	Berberitze	100	ig	gelb	6–7	○–◐–●
Buxus sempervirens	Buchsbaum	100–200	ig	unbedeutend	–	○–◐–●
Caryopteris clandonensis	Bartstrauch	100	sg	blau	8–10	○
Chaenomeles japonica	Zierquitte	100	sg	rot	3–5	○–◐
Corylopsis pauciflora	Scheinhasel	100–150	sg	gelb	3–4	○–◐
Cotinus coggygria	Perückenstrauch	300–500	sg	purpur-braun	2–8	○–◐
Deutzia gracilis	Maiblumenstrauch	70	sg	weiß	5–6	○–◐
Genista radiata	Stahlginster	80	sg	gelb	5–7	○
Genista tinctoria	Färberginster	100	sg	gelb	6–8	○
Hypercium pat. 'Hid'	Johanniskraut	100–150	ig	gelb	7–9	○–◐
Juniperus chinensis	Wacholder	100–150	Nadel	unbedeutend	–	○–◐–●
Juniperus com. 'Repan'	Kriechwacholder	100–150	Nadel	unbedeutend	–	○–◐

Botanischer Name	Deutscher Name	Höhe (cm)	Blatt*	Blütenfarbe	Blütezeit (Monate)	Standort**
Perovskia abrotanoides	Blauraute	50	sg	violett	8	○
Pinus mugo mughus	Latschenkiefer	200	Nadel	unbedeutend	–	○
Potentilla fruticosa	Fünffingerstrauch	80–100	sg	gelb	6–9	○
Prunus laurocerasus	Lorbeerkirsche	80	ig	weiß	5–6	◐–●
Rosa pimpinerllifolia	Bibernell-Rose	80–100	sg	weiß	5–6	○
Spiraea bumalda	Rote Sommerspiere	80–100	sg	rot	7–8	○–◐
Stephanandra 'Crispa'	Kranzspiere	50–80	sg	grün-weiß	6	○
Taxus media	Eibe	150	Nadel	rote Früchte	–	○–◐

ab 40 cm Dachgartensubstrat

Botanischer Name	Deutscher Name	Höhe (cm)	Blatt *	Blütenfarbe	Blütezeit (Monate)	Standort**
Amelanchier canadensis	Felsenbirne	400–800	sg	weiß	4–5	○–◐–●
Buddleia alternifolia	Sommerflieder	250–300	sg	violett	6	○
Buddleia davidii	Sommerflieder	300–400	sg	violett	7–10	○
Chamaecyparis lawsoniana	Scheinzypresse	150–200	Nadel	unbedeutend	–	○–◐
Cornus kousa	Hartriegel	100–200	sg	weiß	6–7	○
Cornus sanguinea	Hartriegel	200–300	sg	weiß	5–6	○–◐–●
Cotoneaster bullatus	Strauchmispel	200–300	sg	rosa	5–6	○–◐
Cotoneaster divaricatus	Breite Strauchmispel	200–300	sg	weiß	6	○–◐–●
Elaeagnus angustifolia	Ölweide	300	sg	gelb	5	○
Forsythia x intermedia	Forsythie	250–300	sg	gelb	4–5	○–◐
Ilex crenata	Stechpalme	200	ig	weiß	5–6	○–◐
Jasminum nudiflorum	Winterjasmin	200–300	ig	gelb	12–4	○–◐
Kerria japonica	Ranunkelstrauch	200	sg	gelb	5–6	○–◐–●
Kolkwitzia amabilis	Kolkwitzie	100–200	sg	rosa	5–6	○–◐–●
Ligustrum vulgare	Liguster	200–400	sg	weiß	6–7	○–◐–●
Philadelphus 'Dame Blanche'	halbhoher Gartenjasmin	100–150	sg	weiß	5–6	○–◐
Ribes alpinum/sanguineum	Johannisbeere	200	sg	gelb, rot	4–5	○–◐
Rosa canina	Hunds-Rose	200–250	sg	rosa, weiß	6	○
Rosa multiflora	Vielblütige Rose	200–300	sg	weiß	6–7	○
Rosa rugosa	Kartoffel-Rose	150–200	sg	purpurrot	5–6	○

Pflanzenlisten Intensiv – Gehölze (Fortsetzung)

Botanischer Name	Deutscher Name	Höhe (cm)	Blatt*	Blütenfarbe	Blütezeit (Monate)	Standort**
Spiraea arguta	Schneespiere	100–200	sg	weiß	4–5	○–◐
Symphoricarpos chenaultii	Purpurschneebeere	150	sg	rosa	6–7	○–◐–●
Taxus cuspidata 'Nana'	Japan. Zwergeibe	100–200	Nadel	unbedeutend	–	○–◐–●
Thuja occidentalis 'Holmstrup'	Lebensbaum	300–400	Nadel	unbedeutend	–	○
Viburnum fragrans	Duftschneeball	200–300	sg	rosa	2–3	○–◐
Viburnum opulus	Gem. Schneeball	300–400	sg	weiß	5–6	○–◐
Weigela-Hybriden	Weigelie	200–300	sg	rosa, rot	5–6	○–◐

ab 60 cm Dachgartensubstrat

Botanischer Name	Deutscher Name	Höhe (cm)	Blatt*	Blütenfarbe	Blütezeit (Monate)	Standort**
Acer campestre	Feldahorn	500–1000	sg	grünlich	5	○–◐–●
Acer ginnala	Feuerahorn	500–600	sg	rot	5	○–◐–●
Acer palmatum	Fächerahorn	300	sg	purpur	5–6	◐–●
Cornus controversa	Pagodenhartriegel	800–1000	sg	weiß	6	○–◐
Cornus mas	Kornelkirsche	500	sg	–	3–4	○–◐–●
Corylus colurna	Baumhasel	1000–1500	sg	Kätzchen	2	○
Crataegus coccinea	Scharlachdorn	700–900	sg	weiß	5–6	○–◐
Nothofagus antarctica	Scheinbuche	600	sg	unscheinbar	5	○
Pinus cembra	Zirbelkiefer	500	Nadel	unbedeutend	–	○
Pinus leucodermis	Schlangenhautkiefer	1000–1500	Nadel	unbedeutend	–	○
Pyracantha-Hybriden	Feuerdorn	400	sg	weiß	5–6	○–◐–●
Sorbus americana	Eberesche	900	sg	weiß	5–6	○
Syringa chinesis	Königsflieder	300–500	sg	lila-rosa	5	○
Tamarix pentandra	Tamariske	300–400	sg	rosarot	6–7	○
Taxus baccata	Gemeine Eibe	1000	Nadel	rote Früchte	–	○–◐–●

* Blatt: sg = sommergrün; wg = wintergrün; ig = immergrün
** Standort: ○ = vollsonnig; ◐ = absonnig–halbschattig; ● = schattig

Anmerkung: Bei anhaltender Trockenheit ist die Pflanzung zu wässern, trockene Pflanzenteile müssen in Abständen entfernt werden.

Pflanzenliste Intensiv – Stauden und Gräser

ab 15 cm Dachgartensubstrat

Botanischer Name	Deutscher Name	Höhe (cm)	Blatt*	Blütenfarbe	Blütezeit (Monate)	Standort**
Stauden						
Alchemilla mollis	Frauenmantel	40	sg	grüngelb	6–7	○–◐
Alyssum montanum	Steinkraut	20	sg	gelb	4–5	○
Arabis procurrens	Gänsekresse	10	ig	weiß	4–5	◐
Aster dumosus	Kissenaster	40	sg	rosa	8–9	○
Aubrieta-Hybriden	Blaukissen	10	sg	blau/violett	4–5	○
Bergenia cordifolia	Bergenie	30–40	sg	rosa	4–5	○–◐–●
Buglossoides purpurocaerulea	Steinsame	20–30	sg	blau	5–7	○–◐
Campanula carpatica	Glockenblume	30	sg	blau, weiß	6–8	○
Centaurea dealbata 'Steenbergii'	Flockenblume	60	sg	purpurrot	6–7	○
Centaurea montana 'Grand'	Bergflockenblume	40	sg	blau	5–6	○
Cerastium tomentosum	Hornkraut	10–20	sg	weiß	5–6	○
Dianthus plumarius	Federnelke	30	sg	je nach Sorte	6–7	○
Dicentra eximia	Herzblume	20	sg	rosarot	5–7	◐
Doronicum caucasicum	Gemswurz	40	sg	gelb	4–5	○–◐
Epimedium grandiflorum	Elgenblume	30	sg	rosa	4–5	◐
Eranthis hyemalis	Winterlinge	10–20	sg	gelb	2–3	○–◐
Euphorbia polychroma	Goldwolfsmilch	30–40	sg	gelb	5–6	○
Geranium macrorrhizum	Storchenschnabel	30	sg	rosa	6–8	○–◐
Gypsophila repens	Schleierkraut	40	sg	rosa	6–8	○
Helleborus niger	Christrosen	25–30	wg	weiß	1–4	◐
Iberis sempervirens	Schleifenblume	20–30	ig	weiß	5	○
Lavandula angustifolia	Lavendel	50	ig	violett	6–7	○
Linum perenne	Blaulein	50	sg	blau	6–8	○
Nepeta x faassenii	Katzenminze	30	sg	hellblau	5–9	○
Oenothera missouriensis	Nachtkerze	30	sg	gelb	7–9	○
Origanum vulgare	Dost	30	sg	rosalila	7–9	○
Phlox subulata	Teppich-Phlox	10	sg	rosa	5–6	○
Salvia nemorosa	Salbei	40–50	sg	blau, violett	6–7	○
Teucrium chamaedrys	Edelgamander	30	ig	rosa	6–7	○

Pflanzenliste Intensiv – Stauden und Gräser (Fortsetzung)

Botanischer Name	Deutscher Name	Höhe (cm)	Blatt*	Blütenfarbe	Blütezeit (Monate)	Standort**
Thymus serpyllum	Feldthymian	10	ig	karmin	6–7	○
Thymus vulgaris	Thymian	30	ig	hellrosa	7–9	○
Veronica spicata ssp. incana	Ehrenpreis	30	sg	blau	6–7	○
Vinca minor	Immergrün	10	ig	blau	4–5	○–◐–●

Gräser

Botanischer Name	Deutscher Name	Höhe (cm)	Blatt*	Blütenfarbe	Blütezeit (Monate)	Standort**
Festuca amethystina	Regenbogenschwingel	25–40	sg	blaugrün	6–8	○
Festuca ovina	Schwingel	20	sg	blaugrün	6–7	○
Koeleria glauca (ab 8 cm)	Schillergras	20–30	sg	grünlich	6–7	○
Melica ciliata	Wimperngras	40	sg	silbrig	5–6	○
Poa pratensis	Wiesenrispe	50	sg	grün	6–7	○

ab 20 cm Dachgartensubstrat

Botanischer Name	Deutscher Name	Höhe (cm)	Blatt*	Blütenfarbe	Blütezeit (Monate)	Standort**
Stauden						
Achillea 'Coronation Gold'	Schafgarbe	80	sg	gelb	6–9	○
Anemone japonica	Herbstanemone	60–80	sg	weiß/rosa	8–10	◐–●
Aster amellus	Bergaster	60	sg	gelb	8–9	○
Aster linosyris	Goldhaaraster	60	sg	gelb	8–9	○
Astilbe japonica	Prachtspiere	40–80	sg	je nach Sorte	7–9	◐–●
Centranthus ruber	Spornblume	60	sg	karmin	6–8	○
Chrysanthemum leucanthemum	Sommermargerite	60	sg	weiß	7–9	○
*Chrysanthemum-Indicum-*Hybriden	Garten-Chrysantheme	50–80	sg	je nach Sorte	8–9	○
Coreopsis verticillata	Mädchenauge	60	sg	gelb	6–8	○
*Delphinium-*Hybriden	Rittersporn	60–150	sg	blau	9–10	○
Erigeron hybridus 'Adria'	Feinstahl	70	sg	blau	6–7	○
Helenium in Sorten	Sonnenbraut	60	sg	gelb/rot	7–9	○
Hemerocallis in Sorten	Taglilie	60–80	sg	je nach Sorte	7–8	○–◐
Iris sibirica	Sibirische Iris	80	sg	lila/blau	6	○
Phlox paniculata	Gartenphlox	80–120	sg	je nach Sorte	6–9	○
Rudbeckia sullivantii	Sonnenhut	60	sg	gelb	8–10	○

Botanischer Name	Deutscher Name	Höhe (cm)	Blatt*	Blütenfarbe	Blütezeit (Monate)	Standort**
Sedum telephium 'Herbstfreude'	Fetthenne	60	sg	rostrot	9–10	○
Verbascum	Königskerze	60–150	sg	gelb	6–7	○

Gräser

Botanischer Name	Deutscher Name	Höhe (cm)	Blatt*	Blütenfarbe	Blütezeit (Monate)	Standort**
Avena sempervirens	Blaustrahlhafer	50–80	ig	grün	6–8	○
Calamagrostis x acutifolia	Reitgras	50–100	sg	graugrün	7–8	○–◐
Carex pendula	Riesensegge	80–100	ig	grün	6–7	○–◐
Molinia caerulea	Pfeifengras	60	sg	grün	8–9	○–◐
Pennisetum compressum	Federborstengras	60	sg	braungrün	8–9	○

* Blatt: sg = sommergrün; wg = wintergrün; ig = immergrün
** Standort: ○ = vollsonnig; ◐ = absonnig–halbschattig; ● = schattig

Anmerkung: Bei anhaltender Trockenheit ist die Pflanzung zu wässern, trockene Pflanzenteile müssen in Abständen entfernt werden.

Pflanzenlisten Intensiv – Kletterpflanzen

ab 30 cm Dachgartensubstrat, windgeschützter Standort

Botanischer Name	Deutscher Name***		Höhe (cm)	Blatt*	Blütenfarbe	Blütezeit (Monate)	Standort**
Akebia quinata	Akebie	R	500–800	sg	purpur	4–5	○–◐–●
Clematis alpina	Alpenwaldrebe	R	100–300	sg	violettblau	5–7	○–◐
Clematis tangutica	Waldrebe	R	300–400	sg	gelb	6–9	○–◐
Clematis vitalba	Waldrebe	R	800–900	sg	weiß	7–9	○–◐
Hedera helix	Efeu	S	1000–2000	ig	gelb	7–8	◐–●
Loncera henryi	Geißblatt	R	300–400	ig	gelbrot	6–7	◐
Lonicera tellmanniana	Geißblatt	R	400–600	sg	gelb	5–6	◐
Pathenocissus quinquef.	Wilder Wein	R	1000	sg	grünlich	6–8	○–◐–●
Pathenocissus tricuspid.	Wilder Wein	S	2000	sg	unbedeutend	–	○–◐–●
Wisteria sinensis	Blauregen	R	400–2000	sg	blau	5–6	●

* Blatt: sg = sommergrün; wg = wintergrün; ig = immergrün
** Standort: ○ = vollsonnig; ◐ = absonnig–halbschattig; ● = schattig
*** S = Selbstklimmer; R = Rankhilfe ist nötig

Anmerkung: Bei anhaltender Trockenheit ist die Pflanzung zu wässern, trockene Pflanzenteile müssen in Abständen entfernt werden

Quellenverzeichnis und Literaturhinweise

Bildquellen

Andreas Bunk, Hamburg: Umschlagvorderseite unten, 58, 59, 60, 61, 62, 63
ECO Rain, Hünstetten: 136, 138
FDT FlachdachTechnologie, Mannheim: 116, 145 oben
Roland Fränkle, Bildstelle Stadt Karlsruhe: 128
hochC Landschaftsarchitektur Marcus Bredt, Berlin: 146
Ingenbleek Architekten + Ingenieure, Berlin: 48
Kühne Pool & Wellness AG, Schöneiche bei Berlin: 144
Dr. Cordia Schlegelmilch, Berlin: Umschlagvorderseite oben, 46/47
verde-gartengestaltung, Dr. Dagmar Heitmann, Berlin: 49 oben links und oben rechts
Gärten Jürgen Wragge GmbH, Backnang: 28, 29, 32, 33, 34, 35, 36, 37, 143 oben, Umschlagrückseite oben links
Petra Reidel, Blattwerk Redaktionsbüro, Grafenau: Umschlagklappe – Autorenbilder
Widdenhorn, Gärten am See, Sipplingen: 112, 149
ZinCo GmbH, Nürtingen: 68, 69, 70, 71, 72, 73, 117, 118, 122, 124, 125, 126, 127, 132, 137, 140, 143 unten, Umschlagrückseite unten links

Alle anderen Bilder wurden vom Deutschen Dachgärtner Verband e. V. (DDV) zur Verfügung gestellt.

Beauftragter Fotograf des DDV:
Webereye
Hermann Andreas Weber
Eisenbahnstraße 16
72770 Reutlingen
www.webereye.de/

Weiterführende Literatur

Ansel, W., Appl, R. und Meier. R.: *Dachbegrünung in der modernen Städtearchitektur – Tagungsband Internationaler Gründach Kongress 2009.* IGRA Verlag, Berlin 2009

Ansel, W., Baumgarten, H., Dickhaut, W., Kruse, E. und Meier, R.: *Leitfaden Dachbegrünung für Kommunen.* DDV Verlag, Nürtingen 2011

DDV – Deutscher Dachgärtner Verband e. V.: *DDV-Praxisratgeber: Das 1 x 1 der Dachbegrünung.* 3. Auflage, DDV Verlag, Nürtingen 2011

DDV – Deutscher Dachgärtner Verband e. V.: *Leitfaden Dachbegrünung – Sicherer Gewerkeübergang.* 2. Auflage, DDV Verlag, Nürtingen 2007

FLL – Forschungsgesellschaft Landschaftsentwicklung, Landschaftsbau e. V.: *Richtlinie für die Planung, Ausführung und Pflege von Dachbegrünungen.* Bonn 2008

Kolb, W. und Schwarz, T.: *Dachbegrünung intensiv und extensiv.* Ulmer Verlag, Stuttgart 1999

Krupka, B.: *Dachbegrünung – Pflanzen- und Vegetationsanwendung an Bauwerken.* Ulmer Verlag, Stuttgart 1992

ZinCo GmbH: *Planungshilfen für extensive und intensive Dachbegrünungen, begrünte Schrägdächer, Flachdachsanierungen mit Dachbegrünung und Kombinationslösungen von Dachbegrünungen und Photovoltaik.* Nürtingen 2012

ZVDH – Zentralverband des Deutschen Dachdeckerhandwerks: *Deutsches Dachdeckerhandwerk Regeln für Abdichtungen – mit Flachdachrichtlinie.* Verlagsgruppe Rudolf Müller, Köln 2008

Dank und Referenzen

An dieser Stelle möchten wir uns zuerst sehr herzlich bei allen Dachgartenbesitzern und Dachgartennutzern bedanken, die uns Zutritt zu ihren grünen Dachoasen gewährt haben und ohne deren Unterstützung und Auskunftsfreudigkeit dieses Buch nicht möglich gewesen wäre. Bei der Kontaktvermittlung und mit Fachinformationen waren uns folgende Firmen behilflich.

Ausführungsbetriebe Dachbegrünung

Gärten Jürgen Wragge GmbH
Donaustraße 5
71522 Backnang
www.wragge-gaerten.de/

Thomas Heumann GmbH Gartenanlagen
Heinkelstraße 36
71384 Weinstadt
www.theumann.de/

Grün+Dach
Talburgstraße 75
42579 Heiligenhaus
www.gruenunddach.de/

ProNatur Garten- und Landschaftsbau GmbH
Otto-Schott-Straße 32
72555 Metzingen
www.pronatur.com/

SE-Bau-Landschaftsbau GmbH
Alte Bayernwerkstraße 225
85757 Karlsfeld
www.sebaugmbh.de/

Weitere Informationen zu Ausführungsbetrieben in ganz Deutschland erhalten Sie bei der Geschäftsstelle des Deutschen Dachgärtner Verbandes:

Deutscher Dachgärtner Verband e. V.
Postfach 2025
72610 Nürtingen
www.dachgaertnerverband.de

Planer und Architekten

Andreas Bunk
Freischaffender Landschaftsarchitekt
Brüderstraße 22
20355 Hamburg
www.bunk.info/

Ralf P. Häussler
Freier Architekt BDA
Kirchstraße 6c
70173 Stuttgart
www.architekt-haeussler.de/

hochC Landschaftsarchitektur
Crellestraße 22
10827 Berlin
www.hochc.de/

Ingenbleek Architekten + Ingenieure
Crellestraße 29–30 SF re 4. OG
10827 Berlin
www.office33.de

verde-gartengestaltung
Dr. Dagmar Heitmann
Am Großen Wannsee 67
14109 Berlin
www.verde-gartengestaltung.de/

Ein besonderer Dank gilt auch unseren Projektförderern:

Triflex GmbH & Co. KG
(Abdichtungslösungen mit Flüssigkunststoff)
Karlstraße 59
32423 Minden
www.triflex.de

FDT FlachdachTechnologie GmbH & Co. KG
(Dachabdichtungen aus Kunststoff)
Eisenbahnstraße 6–8
68199 Mannheim
www.fdt.de

ZinCo GmbH
(Systeme für Komponenten rund um die genutzte Dachlandschaft)
Lise-Meitner-Straße 2
72622 Nürtingen
www.zinco.de

Gärtnerei Hofstetter Mühle
(Pflanzen für Dach- und Hausgärten)
Mühlenweg 34–36
88633 Heiligenberg-Steigen
www.dachgarten24.de

Horst Schwab GmbH
(Rollrasen, Fertigrasen, Rasengitter)
Haid am Rain 3
86579 Waidhofen
www.horst-schwab.de

ECO Rain GmbH
(Beregnung von Gärtners Hand)
Neukirchner Straße 6
65510 Hünstetten
www.ecorain.de

Kühne Pool & Wellness AG
(Schwimmbäder und Wellnessanlagen)
August-Borsig-Ring 19
15566 Schöneiche bei Berlin
www.poolwellness.de